A Tábua de Esmeralda:
4ª edição - Hermes e o sincretismo maquiavelicamente usados pelo Império Romano para criar a vida de Cristo

Fabio R. de Araujo

ALCHEMIA
IAP © 2017-2020

Todos os direitos reservados. Esta publicação é protegida pela legislação de direitos autorais e direitos de cópia (Copyright) e permissão por escrito deve ser obtida do editor antes de qualquer publicação, reprodução, armazenamento ou transmissão em qualquer meio ou mídia.

admin@iappublishing.com

Las Vegas: IAP, 2017-2020.
4ª edição (Ampliada ao longo de 2019)

De Araujo, Fabio R.

A Tábua de Esmeralda / Fabio R de Araujo

   1. História. 2. Filosofia.

ÍNDICE

Introdução 5

História 8

A Tábua de Esmeralda 46

A Tábua de Esmeralda em Latim 49

Outras traduções da Tábua 51

    (Isaac Newton, Fulcanelli, Roger Bacon, Blavatsky)

Comentários sobre a Tábua 59

Hermes, outros deuses, filósofos, faraós e imperadores usados maquiavelicamente em sincretismo e falsificação na maior fraude da história do planeta pelo Império Romano 66

Apêndice A: Hermes na mitologia grega 125

Apêndice B: Abu Mashar 127

Apêndice C: Profecias herméticas 131

Apêndice D: Esfinge hermética 137

Bibliografia 146

"A coisa mais bonita que podemos experimentar é o misterioso. Ele é a fonte de toda ciência e arte verdadeira. Aquele para quem a emoção é uma estranha, que não consegue mais se maravilhar por um momento e se envolver com o fascínio, é como o morto; os seus olhos estão fechados."

Albert Einstein

INTRODUÇÃO

Esta breve obra não é sobre hermetismo e nem tem a pretensão de explicá-lo. Ela começou como um pequeno livro sobre a Tábua de Esmeralda, suas origens e possíveis relações com os povos da Antiguidade e sobre o seu autor a quem ela foi atribuída, Hermes Trismegisto (ou Trismegistus) e sobre as inúmeras lendas associadas a ele. Conforme fui escrevendo novas edições, fui aumentando o seu conteúdo. A quarta edição passou a incluir um capítulo sobre como Hermes Trismegisto e outros deuses e suas crenças, cultos de mistério, filósofos gregos, imperadores romanos e faraós egípcios lendários contribuíram para as origens do cristianismo, moldando que ficou conhecido como a vida bíblica de Cristo. Como historiador, tentei abordar essas questões do ponto de vista histórico, não religioso, esotérico ou tendencioso. Assim, são citados histórias, lendas e mitos documentados em livros considerados sérios, escritos pelos principais historiadores, pesquisadores e acadêmicos do mundo. Questões alquímicas ou herméticas são abordadas somente na forma superficial. Sendo assim, talvez este livro não atenda aos desejos de um interessado em hermetismo.

Quando comecei a escrever este livro, o meu único objetivo era reunir informações correlatas sobre a Tábua de Esmeralda e Hermes Trismegisto. Do ponto de vista acadêmico, há pouca coisa publicada na forma de livros, apesar de se encontrarem alguns artigos científicos interessantes. Naturalmente abordei também as inúmeras lendas e mitos relacionados ao autor a quem ela é atribuída. Peço desculpas se considerar que exagerei, mas considero essas lendas fascinantes. Na quarta edição, conforme a pesquisa progredia, adicionei curiosos paralelos entre Hermes Trismegisto e a vida bíblica de Jesus Cristo.

Tendo sido provavelmente o primeiro historiador não inglês do mundo a ter concluído que Mother Shipton, uma das maiores profetizas da história da humanidade, não passa de uma lenda criada com interesses políticos[1], apesar do local de seu suposto nascimento ser um dos pontos turísticos mais visitados na Inglaterra pelos ingleses, quando comecei a escrever sobre a Tábua de Esmeralda, imaginava que chegaria a conclusão semelhante, mostrando que a Tábua de Esmeralda não passa de mais uma criação medieval lendária atribuída a um tal Hermes que nunca existiu, como era, inclusive, comum na Idade Média, isto é, a atribuição de manuscritos a personalidades conhecidas que supostamente viveram no passado, sábios, bispos, santos ou bruxas como foi o caso de Mother Shipton.

De fato, já na Antiguidade, se acreditava que os escritos herméticos tinham sido escritos por outras pessoas e atribuídos a Hermes, como diz Iamblico, em seu *Mistérios do Egito*[2], escrito no século IV.

> "os nossos ancestrais, eles também, dedicavam as invenções da sabedoria deles, colocando sob o nome de Hermes os escritos que compunham".

Apesar de poder ter sido escrito por uma pessoa comum, foi atribuído a Hermes que, por sincretismo, é o deus Thoth, ou Tuti, dos egípcios, um ser que existiu pelo menos no dia a dia da mentalidade do Antigo Egito, religiosamente e nas crenças dos egípcios. E Thoth, de certa forma, deve ter tido um papel semelhante ao de Jesus e de Moisés, já que (o Hermes primeiro ou Thoth) era filho do Demiurgo, ou seja, Filho de Deus, e teria encarnado e vindo a terra em um segundo momento (como humano, o Hermes segundo, como Jesus Cristo) para ensinar aos homens. E a Tábua de Esmeralda, com ensinamentos celestiais, lembra as duas tábuas de pedra com os dez mandamentos que Moisés apresenta ao povo hebraico. Antoine Faivre vai além em seu *The Eternal Hermes* e diz que: "o tema da revelação de um livro ou uma tábua por descoberta acidental é amplo na literatura de todas as terras". E diz ainda que "especialmente popular entre os

---

[1] Araujo, Fabio. **Mother Shipton: Secrets, Lies and Prophecies**. IAP: Las Vegas, 2010

[2] Jamblique. *Les Mysteres d'Egypte*. Paris: Les Belles Lettres. 1993. P.1

árabes era a descoberta do documento em uma tumba". Contudo, a não ser que eu tenha me enganado, parece haver sim, ligações entre a Tábua e o Antigo Egito, assim como entre Hermes e Cristo. As primeiras podem ser constatadas graças a informações deixadas por Champollion, pai da egiptologia, o que contraria praticamente a totalidade de acadêmicos de todo o mundo em relação à origem da Tábua de Esmeralda.

Não conheço nenhum livro em português que possa recomendar aos interessados por não conhecer nenhuma obra escrita do ponto de vista acadêmico sobre este assunto publicada no Brasil. Portanto, quem desejar uma obra mais ampla sobre a história de Hermes Trismegisto e puder ler em inglês, recomendo a obra do Professor universitário Florian Ebeling, *The Secret History of Hermes Trismegistus: From Ancient to Modern Times*, publicado pela Cornell University Press em 2007 e *The Eternal Hermes* de A. Faivre. Há outros livros que também poderia destacar: *The Quest for Hermes Trismegistus*, de Gary Lachman, *The Alchemy Reader: From Hermes Trismegistus to Isaac Newton*, de S. Linden etc. Para quem quer se especializar no assunto, como especialista em hermetismo ou acadêmico, os mais indicados são *Hermetica: The ancient Greek and Latin writings which contain religious or philosophic teachings ascribed to Hermes Trismegistus*, de Walter Scott, 4 vols. Oxford, Clarendon Press, 1924-1936. E *La Revelation d'Hermes Trismegiste*, de A.-J. Festugiere, 4 vols, Paris, 1949-1954. Ambos foram reimpressos na década de 1980. Sobre a questão da influência de outras crenças sobre o cristianismo, sugiro uma bibliografia específica no fim do capítulo que aborda a questão. Manuscritos herméticos desconhecidos nunca antes publicados continuam sendo encontrados em bibliotecas, traduzidos normalmente para inglês, francês ou alemão e publicados de forma inédita. Alguns dos textos herméticos nunca foram traduzidos para português.

HISTÓRIA[3]

Os principais cientistas de uma época reconheceram ter uma dívida com livros herméticos ou foram influenciados por eles. Nessa lista, encontraremos nomes como Leonardo da Vinci, Isaac Newton, Kepler, Paracelso, Copérnico e os cientistas fundadores da Royal Society in Londres[4]. Entre os textos herméticos, encontra-se a Tábua de Esmeralda.

Para o acadêmico Florian Ebeling, a Tábua de Esmeralda e outros textos de origem árabe teriam desenvolvido ideias cujo centro se encontrou acima dos Alpes europeus, principalmente na Alemanha e, por isso, Paracelso foi apelidado de novo Hermes na Alemanha. Por outro lado, as ideias herméticas inspiradas no Corpus Hermeticum teriam florescido inicialmente na Itália e depois se espalhado pela Europa. Para Salvatore Forte, as ideias herméticas teriam influenciado todo o renascimento napolitano[5].

Para evitar anacronismos e tentar ter uma ideia, antes de mais nada, do que significa a expressão "tábua de esmeralda", temos que ter em mente que há milênios, escrevia-se ou inscrevia-se em tabuletas e não em cadernos ou computadores. O capítulo 93 do Livro de Enoque, escrito há, pouco mais de 2000 anos, que conta que Enoque foi levado por Deus, diz que Enoque conheceu os segredos dos anjos e "das

---

[3] Seção de história escrita por Fabio R. Araujo, historiador e autor de obras como *Prophezeiungen über das Ende der Welt,* 2009, traduzida para o espanhol e publicada na Espanha como *Profecias sobre el fin de los tempos,* 2012, livro sobre profecias, mitos e lendas apocalípticos.

[4] Freke, T. e Gandy, P. *The Hermetica. The Lost Wisdom of the Paraohs.* Nova Iorque: Penguin, 1999.

[5] Forte, Salvatore. *Il Rinascimento Napoletano e la tradizione egizia segreta.* 2015

tabuletas celestiais". Assim, na Antiguidade, em algumas regiões no Oriente Médio, como Egito e Mesopotâmia, acreditava-se que nos céus um deus poderia escrever um conhecimento secreto em uma tabuleta celestial, que poderia ser transferido ou revelado a uma ou mais pessoas escolhidas pelo mesmo deus. A esmeralda indica que não se trata de uma tabuleta de um material qualquer, como de argila, pedra, chumbo ou de outro material considerado simples, mas indica que o texto sacro foi inscrito em um material superior, condizente com o conhecimento secreto e superior que transmitia, que é revelado somente a alguns.

A transmissão de um ensinamento divino para a humanidade através de uma tábua, em alguns casos, chega a ser a base de algumas religiões. De acordo com a tradição hebraica, os dez mandamentos foram inscritos em duas tabuletas de pedra, sendo originalmente inscritas pelo próprio Deus (Êxodo 31:18) com seu dedo. Moisés teria quebrado as tabuletas em um acesso de raiva e posteriormente reescrito os mandamentos. De acordo com ensinamentos tradicionais judaicos, no Talmud, a pedra das tabuletas era safira azul, mas alguns acadêmicos judeus acreditam que era lápis-lazúli ou lazulita. A Bíblia conta que os dois conjuntos de tábuas, as inscritas originalmente por Deus e quebradas e as inscritas por Moisés, foram guardados na Arca da Aliança que, conforme o livro de II Macabeus diz, foi escondida pelo profeta Jeremias no Monte Nebo, na atual Jordânia.

Tabuletas celestiais que continham o destino dos mortos com base em seus atos são mencionadas no Livro dos Jubileus que, como o Livro de Enoque, tem origem duvidosa, mas ambos estão presentes na Bíblia dos etíopes há quase 2000 anos.

Entre os sumérios, a deusa sumeriana Nungal possuía uma tabuleta da vida, onde os atos dos indivíduos eram registrados. Mitos mesopotâmicos falam de uma tábua ou tabuleta dos destinos. De acordo com os mitos babilônicos contidos no Épico de Anzu e Épico da Criação, quem possuísse essa tabuleta, controlaria o universo.

O Islã herdou a crença em uma tábua celestial e ela é encontrada na cosmologia de Al-Suyuti. A tabuleta islâmica contém as leis e julgamentos divinos e é feita de jacinto vermelho de um lado e de esmeralda verde do outro. Al Kisai menciona também uma tabuleta feita em pérola branca.⁶ O próprio Alcorão teria sido redigido originalmente por Alá em uma tabuleta celeste, a "tabuleta preservada", antes dos ensinamentos religiosos terem sido transmitidos para o profeta Maomé.

Assim como as tabuletas de safira azul com os dez mandamentos bíblicos e a tabuleta do Alcorão com os ensinamentos do Islã, a lendária e misteriosa tabuleta de esmeralda resumiria em poucas palavras misteriosos ensinamentos filosóficos, alquímicos ou herméticos que teriam sido escritos, para alguns, por um deus. O texto da tabuleta teria sido redigido de forma obscura, para esconder os mistérios de alguns e revelar a outros, e teria sido inscrito há milênios em esmeralda ou em outra pedra verde. Para os alquimistas, inspirados nos árabes, que consideravam o seu autor um mago⁷, ela escondia o segredo da criação da Pedra Filosofal, ou seja, como transformar metais em ouro. Para alguns especialistas em hermetismo, inspirados nos egípcios, que consideravam o seu autor um sábio ou filósofo, a Tábua conteria uma síntese de todo o hermetismo ou um dos sete princípios da filosofia hermética, isto é, o princípio da correspondência entre o que está abaixo e em cima. Apesar de não se poder afirmar que a Tábua foi realmente escrita por Hermes, a Tábua também teve grande importância para os alquimistas, os precursores da química, pois continha uma receita que guiava os alquimistas através de suas experiências. Para o ocultista francês Eliphas Lévi⁸ do século XIX, a Tábua de Esmeralda continha toda a magia em uma única página.

Mas como pode um texto tão curto ter influenciado por séculos magos, alquimistas, hermetistas e cientistas? O texto da Tábua de Esmeralda é um dos mais célebres da literatura alquímica e hermética.

---

⁶ Pingree, David; Salvesen, Alison. *The Legacy of Mesopotamia*. Oxford: Oxford University Press, 1998.

⁷ Nos papiros mágicos gregos, há textos que consideram Hermes um mago, por exemplo, além de textos alquímicos.

⁸ *The History of Magic*. York Beach: Weiser, 2000. p. 79

Trata-se de um texto curto, composto de alegorias obscuras, entre as quais a famosa correspondência entre o macrocosmo e o microcosmo, o céu e a terra. Se, para alguns alquimistas medievais, ela continha uma fórmula secreta para a transmutação metálica e criação da Pedra Filosofal, o texto da Tábua não foi escrito no estilo de outros trabalhos atribuídos a Hermes, como *Corpus Hermeticum* e *Asclépio*, conforme afirma Lachman[9]. Uma das razões que diferem a Tábua de Esmeralda de outros escritos herméticos seria que ela é extremamente obscura, parecendo ter sido escrita em um estilo esotérico, enigmático, comum aos textos alquímicos, usando uma linguagem que esconde deliberadamente o seu significado. O mesmo autor afirma que quando a Tábua de Esmeralda foi traduzida para latim no século XII na Europa, a procura pela pedra filosofal e o santo Graal era intensa e, segundo ele, há ainda uma boa razão para suspeitar que a pedra e o graal sejam a mesma coisa.

A origem e a história da Tábua de Esmeralda e como ela foi encontrada estão repletas de lendas e mitos, a maioria anterior a Isaac Causabon, que em 1614 "provou" que os escritos herméticos não tinham sido escritos por uma divindade egípcia. A Tábua de Esmeralda foi supostamente escrita por Hermes Trismegisto. Mas quem seria Hermes? Assim como a Tábua de Esmeralda, seu autor também está envolvido em muitos mitos e lendas. De acordo uma das lendas mais interessantes, um líder sacerdote fundou uma colônia no Antigo Egito devido ao afundamento de Atlântida, de onde ele e sobreviventes teriam escapado. Esse sacerdote seria Hermes Trismegisto, autor da Tábua, sobrevivente ao afundamento e desaparecimento de lendária Atlântida. Esse pequeno texto hermético teria sido esculpido originalmente pelo próprio Hermes em tábuas de esmeralda que teriam sido colocadas em uma câmera na Grande Pirâmide de Quéops. Hermes teria vivido antes do dilúvio, teria previsto o dilúvio, e como Noé construiu a arca para salvar sua família e os animais, ele construiu as pirâmides, onde confinou conhecimentos secretos. Outra lenda, contida em um trabalho medieval atribuído a Alberto Magno, diz que a tábua de esmeralda foi encontrada na tumba de Hermes Trismegisto no Egito por Alexandre Magno, escrita em

---

[9] Lachman, Gary. *The Quest for Hermes Trismegistus.* Edinburgo: Floris, 2011.

caracteres fenícios. O escritor árabe Ibn Arfa Ras foi o primeiro a citar a lenda que a Tábua tinha sido encontrada no Oriente, em Ceilão. A lenda da descoberta em uma tumba de conhecimento antediluviano que viajou na Arca de Noé era especialmente divulgada entre os árabes. Chegando ao Egito por volta do ano 640, os árabes escreveram manuscritos onde mencionam a construção Abou Hermes em Memphis, onde Hermes estava sepultado. Essa construção era composta de 2 pirâmides, uma para Hermes e a outra para a sua esposa. O texto hindu *Mahanirvanatantra* diz que Hermes e Buda eram a mesma pessoa[10]. Um manuscrito do século XIII que, traduzido, seria chamado de *Luz sobre o Método de Hermes de Hermesse*[11] conta que o nome real de Hermes era Enoque e que ele viveu no norte da China. Em uma caverna, ele encontrou uma tabuleta contendo os segredos das ciências.

Como afirma S. Linden, a Hermes, seguido de perto por Platão, mais do que a qualquer outro, foram atribuídos inúmeros textos alquímicos na Antiguidade e Idade Média. Sabe-se que textos atribuídos a Hermes já existiam na Antiguidade, pois textos herméticos[12] em copta, do século IV, foram encontrados nas vizinhanças de Nag Hammadi no Egito em 1945, ligando assim os textos herméticos à civilização egípcia definitivamente. Alguns dos primeiros cristãos, como Tertuliano por volta do ano 220, estavam entre os primeiros a atribuir por escrito a Hermes o epíteto Trismegistus[13], que significa "três vezes grande"[14]. Contudo,

---

[10] Hauck, Dennis W. *The Emerald Tablet: Alchemy of Personal Transformation*.

[11] Siggle, A. *Das Licht über das Verfahren des Hermes der Hermesse*. Der Islam 24 (1937): 287-306

[12] Foram ali encontrados alguns textos do *Corpus Hermeticum*, trechos de *Asclépio, As definições de Hermes Trismegistus a Asclépio* (em armênio) e alguns outros.

[13] Julius Goebel afirma isso no artigo científico The Etymology of Mephistopheles, publicado pela John Hopkins University Press em *Transactions and Proceedings of the American Philological Association*, vol. 35 (1904), p. 153. (Tertuliano: "Mercurius ille Trismegistus, magister omnium physicorum"). Há, além disso, conforme afirma Gary Lachman em seu livro, uma tabuleta escrita há cerca de 3000 a 3500 anos escrita na língua linear B (uma forma de grego antigo)

especialistas afirmam que "trismegistus" era já usado no Antigo Egito[15] e se levarmos em conta um estudo do abade Van Drival, por exemplo, a expressão teria vindo da China.

Latâncio[16] no século IV, em Instituições Divinas, mencionou a doutrina hermética. Agostinho (séc. V) também menciona Hermes em A Cidade de Deus, onde se refere a Hermes, à sua origem egípcia e seu epíteto de Trismegistus. De tempos em tempos, além disso, descobrem em bibliotecas fragmentos em grego de textos herméticos em livros medievais. Acredita-se que os textos atribuídos a Hermes que sobreviveram foram originalmente escritos na região do Delta do rio Nilo em grego entre o século II a.C. até o século III.

Os chamados textos herméticos chegaram até nós porque a Grécia invadiu o Egito há pouco mais de 2000 anos e ali os gregos começaram a traduzir para grego todos os livros egípcios que encontravam, depositando-os na Biblioteca de Alexandria, onde se dava alimento e hospedagem gratuita para os estudiosos. Poucas vezes na história, o estudo foi tanto incentivado como naquele local naquela época. Em certo ponto, não se sabe exatamente quando, aparentemente os sacerdotes egípcios decidiram traduzir para grego textos antigos. Thompson em *Memphis under the Ptolomies* afirma que isso ocorreu no século II a.C. e para fundamentar sua colocação cita um manuscrito da época encontrado na biblioteca de um templo em Memphis no Egito que indica, segundo o autor, que a redação dos livros herméticos em grego começou nessa época.

---

que faz uma referência a "três vezes herói" e a uma antiga forma de Hermes.

[14] Há inscrições mais antigas nas pirâmides por volta do ano 200 a. C.

[15] Van Bladel afirma que o epíteto já era usado no antigo Egito, atribuído ao Deus Thot. De fato, Champollion também o usou em seu *Pantheon Egyptien*, atribuindo-o ao próprio Hermes.

[16] Ainda de acordo com Julius Goebel, os escritos de Latâncio foram atribuídos originalmente a Thot e consistiam de 42 rolos de papiros sagrados. Esses papiros foram mencionados por Clemente de Alexandria no século II (Strom. vi, 4, §35).

O conceito europeu que, permanecendo ainda hoje em certos círculos, considerou Hermes Trismegistus um sábio da antiguidade, que escreveu textos herméticos, foi derivado da tradição árabe, assim como dos primeiros seguidores de Cristo, os chamados pais da igreja católica. Contudo, nunca foi encontrado nenhum manuscrito da Tábua de Esmeralda escrito na Antiguidade. O manuscrito da Tábua de Esmeralda mais antigo que se conservou até os dias de hoje data do século VI, ou seja, há cerca de 1500 anos, e foi escrito em árabe, apesar de se apresentar como uma tradução de um texto escrito em grego nunca encontrado, que poderia sim ter sido originalmente escrito na Antiguidade.

A antiga crença que Hermes era fundador de uma cidade, chamada Adocentyn, era muito divulgada na Idade Média, notavelmente em *Picatrix*[17], um livro árabe sobre magia, astrologia e invocação de espíritos escrito no século X e traduzido para latim e espanhol em 1256, que contém muitos trechos tirados de livros herméticos. Em Picatrix, Hermes é citado várias vezes ao longo do texto, assim como são citados livros perdidos atribuídos a Hermes. Por exemplo: "Aqui estão as imagens dos planetas de acordo com Hermes, no livro que ele enviou para o rei Alexandre, que é chamado *Livro dos Sete Planetas*". Em outro trecho do livro, lê-se: "O seguinte encontra-se no livro chamado *Hedeytoz*, que foi compilado por Hermes, o sábio. Nesse livro, ele descreveu uma forma de composição (mágica) que causa maravilhas e afasta qualquer bruxaria dos homens." Em outro trecho: "um dos livros mais perfeitos desta ciência que encontramos é um volume que foi revelado por Hermes, o sábio, na fundação da Babilônia e nele havia um livro de aforismos chamado *O Segredo dos Segredos*. Dele

---

[17] A influência de *Picatrix* na magia medieval do mundo ocidental foi imensa. O suposto autor de *Picatrix* foi Magriti ou Madjriti e teria vivido na segunda metade do século X. *Picatrix* tem uma história particular, já que a tradução deste livro para alemão estava impressa e prestes a ir para as livrarias nos anos 1940 quando foi totalmente destruída na Segunda Guerra Mundial na loja da gráfica onde estava. O atraso levou a nova preparação para publicação. O texto foi publicado em 1962, na tradução para alemão do árabe dos acadêmicos Plessner e Ritter. Em 2010, uma tradução do latim para a língua inglesa foi publicada.

selecionamos 45 aforismos, que são considerados de grande valor nesta ciência e nestes trabalhos".

Uma imagem criada entre 1481 e 1498, por Giovanni di Maestro Stephano, em mármore, presente no piso da Catedral de Siena, Itália, afirma que Hermes era contemporâneo de Moisés na inscrição *Hermes Mercurius Trismegistus Contemporaneus Moysii*. Julius Goebel e Wilhelm Kriegsmann citam a lenda na qual Sara, esposa de Abrãao, encontrou a Tábua de Esmeralda no vale de Hebron no túmulo de Hermes e as pegou das mãos do cadáver de Hermes.

Nessa infinidade de lendas e mitos sobre a origem da pessoa de Hermes, um deles conta que Hermes Trismegisto é o próprio Deus Hermes, associado por sua vez ao Deus egípcio Thoth ou Tuti, uma das entidades mais veneradas na época dos faraós e também o autor do Corpus Hermeticum e outros textos herméticos.

Mas Champollion, o pai da egiptologia, em seu *Pantheon Egyptian* mostra que as origens de Hermes encontram-se realmente em Thoth ou Tuti, apesar de nem todos os especialistas concordarem, a quem se atribuiu a lendária tabuleta esmeraldina. E a impressão que se tem desta passagem é que Thoth é uma espécie de Jesus Cristo:

> "O Thoth dos egípcios e o Hermes dos gregos foram um ser mítico a quem se atribuía numerosas funções e muitas vezes opostas. Vimos que o Thoth celeste foi o único deus emanado do Demiurgo e que carrega o sobrenome de três vezes grande, associado à obra da criação do universo e contendo nele mesmo toda a ciência das coisas divinas. Esse protótipo de toda inteligência se encarna posteriormente para civilizar a espécie humana e assim se liga a um corpo material. Assim que os habitantes da terra, esclarecidos por suas lições, conhecem e praticam a virtude, e passam a ser submetidos a uma organização social regular, imitação imperfeita da ordem que reina nas regiões

celestes, Thoth se retira para a lua para se consagrar à realização de novos deveres".

Em uma lenda citada pelos acadêmicos Cathy Gutierrez e Hillel Schwartz, os sacerdotes egípcios de Thoth descreveram que o Livro da Humanidade continha 36.525 livros separados. A lenda de 36.525 livros escritos por Hermes é citada por Maneton. Seleuco escreveu que eram 20.000 volumes. Seleuco e Maneton são citados por Jamblicus em *Mysteriis Aegypt*.

Em outra lenda registrada por Lachman e Wolfram, a ordem dos cavaleiros templários, estabelecida em 1118 para assegurar a passagem dos cristãos à Terra Santa durante as Cruzadas, teria encontrado um tesouro em escavações em Jerusalém. Alguns sugerem que o tesouro consistia na filosofia hermética contida nos trabalhos de Trismegisto, que teriam sido preservados por alquimistas árabes. Lachman diz que como os templários estão associados aos maçons, isso torna a possível associação ainda mais intrigante. De acordo com Manly P. Hall, em *The Secret Teachings of All Ages*, Hermes é extremamente importante para acadêmicos maçons pois ele teria sido o autor dos rituais de iniciação na maçonaria.

John David Chambers em sua obra *The Theological and Philosophical Works of Hermes Trismegistus*, publicada no século XIX, afirma que "O Mercúrio ou Hermes Trismegisto da lenda foi um personagem, um sábio egípcio ou uma sucessão de sábios que, desde o tempo de Platão, foi associado a Thoth (o nome do mês de setembro)". Em outro trecho ele afirma que é possível também que Hermes se refira aos tradicionais "sete sábios" da antiguidade mencionados no tratado de Fílon de Alexandria (Philo Judaeus). Ele afirma ainda que Tertuliano escreveu que nos tempos antigos, muitos autores eram considerados deuses e isso parece adicionar algum esclarecimento aos textos supostamente escritos por um deus egípcio.

De acordo com *Caibalion*, obra publicada pela primeira vez em 1908 pela Yogi Publication Society, atribuída a Três Iniciados[18],

---

[18] De acordo com G. Lachman, em sua obra *The Quest for Hermes Trismegistus*,

Hermes Trismegistus é o "escriba dos deuses", que viveu no antigo Egito. Contemporâneo de Abraão e, com base em uma lenda, instrutor daquele verdadeiro sábio, Hermes é figura central do ocultismo. Todos os ensinamentos básicos e fundamentais incorporados aos ensinamentos esotéricos podem ser traçados regressivamente até Hermes, segundo o livro, até mesmo os ensinamentos mais antigos da Índia teriam as suas raízes nos ensinamentos herméticos originais.

De acordo com o escritor Joscelyn Godwin, a maçonaria é a última criação da tradição hermética no Ocidente. Assim como o hermetismo, as origens da maçonaria estão envolvidas em mistério. Alguns historiadores relacionam a origem da maçonaria aos cavaleiros templários. Para outros, ela nasceu a partir do rosacrucianismo, que teria contribuído para recomeçar a tradição hermética. Há ainda os que acreditam que a sua origem é mais antiga. Gary Lachman cita em seu livro[19] um texto maçônico datado dos anos 1400 que afirma que a maçonaria surgiu antes do dilúvio. A Enciclopédia da Maçonaria,[20] escrita por Albert G. Mackey, afirma: Hermes teria sido um sacerdote, legislador e filósofo egípcio, que viveu no Reino de Nino, que escreveu 36 livros sobre teologia e filosofia e 6 livros sobre medicina, todos perdidos. Mackey afirma que há várias tradições sobre ele e, em uma delas, Eusébio afirmou que Hermes introduziu os hieróglifos no Egito[21]. A enciclopédia cita ainda que todos os registros manuscritos maçons que contêm a lenda de Craft afirmam que Hermes foi um dos

---

existe uma boa razão para acreditar que o *Caibalion* foi escrito por William Walker Atkinson, um escritor prolífico de obras de pseudo-ocultismo e livros de autoajuda, que usou vários pseudônimos. Atkinson era proprietário da Yogi Publication Society of Chicago. Apesar de alguns considerarem os 7 princípios publicados no século XX como do antigo Egito, de acordo com o autor, o Caibalion não é reconhecido por nenhuma autoridade séria em hermetismo. Os 7 princípios mencionados na obra *Caibalion* não se encontram em nenhuma outra obra hermética publicada anterior a ela, tampouco em manuscritos.

[19] *The Quest for Hermes Trismegistus*. Edinburgo: Floris Books, 2011.

[20] Disponível em http://www.phoenixmasonry.org/mackeys_encyclopedia/.

[21] Eusébio escreveu isso em *Chronicum*, e que Hermes era contemporâneo de Moisés

fundadores da maçonaria, como o manuscrito da Grande Loja n° 1, de 1583.

Doutrinas herméticas floresceram entre os árabes por volta dos séculos V e VI. E Hermes também foi associado a Enoque pelos árabes, o sétimo homem após Adão, na genealogia bíblica, que foi levado por Deus, de acordo com a Bíblia. Em um tratado hermético medieval atribuído a um astrólogo árabe do século VIII, chamado Masallah, há um texto que é atribuído a Hermes, chamado livro de Enoque. Como diz o acadêmico J. Milik em seu livro *The Books of Enoch. Aramaic Fragments of Qumram Cave 4,* publicado na década de 1970, para muitos muçulmanos, Hermes foi um autêntico profeta antediluviano, que eles identificavam com Idris (Corão xix. 57-8 e xxi. 85-6) e com Uhnuh, o Enoque do Gênesis, geralmente chamado *rafi allah* (levado por Deus). Essa associação e Hermes a Idris e a Uhnuh estava presente na literatura mística dos muçulmanos entre os séculos VIII e X. Várias máximas de sabedoria, escritos astrológicos e alquímicos foram atribuídos a Idris, incluindo tratados de geomancia. Outra associação a Hermes é feita nas doutrinas secretas dos drusas, que associam Hermes a Idris, Uhnuh e a Eva. Milik cita uma referência curiosa feita por um cronógrafo árabe do século X à associação Hermes-Enoque-Ídris:

> Certos sábios afirmam também que Enoque é Ídris e que ele ensinou a escrita, as letras, as estrelas (astronomia e astrologia) e o cálculo.

A. Montgomery em *Aramaic Incantation Texts from Nippur* (Univ. de Pensilvânia, 1913) cita um texto mágico da Mesopotâmia, escrito em aramaico, que associa Hermes ao anjo Metatron e, de certa forma, ao próprio Deus:

> Abençoado sejas tu, Jeová, por conta de seu nome, em teu nome, tu cujo nome é Yofiel, Yehiel, eles te chamam Sangiel, Yahweh, Javé e Hermes Metatron Yah[22].

---

[22] Yofiel e Metatron são nomes de anjos, citados em Deut. 34:6. O tratado

A obra de Montgomery cita outras passagens de Hermes em textos mágicos antigos em aramaico e há outras associações de Hermes ao anjo Metatron.

Os primeiros textos místicos em geral atribuídos a Hermes datam do século III ou II a.C. Até o início do século XX, os acadêmicos e estudiosos conheciam apenas versões em latim da Tábua de Esmeralda, sendo a mais antiga delas manuscrita no século XII. Em meados do século XX, versões mais antigas, em árabe, foram descobertas pelo historiador inglês E. J. Holmyard e pelo orientalista alemão Julius Ruska. Atualmente se conhecem cerca de 20 manuscritos medievais árabes com o texto. A versão mais antiga conhecida se encontra em um apêndice de um tratado árabe do século VI, o Livro do Segredo da Criação, *Kitâb sirr al-Halîka*[23]. Esse texto se apresenta como uma tradução de um texto grego atribuído a Apolônio de Tiana, que nunca foi encontrado. Apesar de se tratar inicialmente de um texto de magia, um erro de tradução para o latim no texto no século XII o transformou em um texto de alquimia, que foi amplamente comentado durante a Idade Média e Renascimento. A mesma versão da Tábua de Esmeralda se encontra em um texto de um alquimista do século VIII, Jâbir ibn Hayyân, que ficou conhecido na Europa pelo nome de Geber. Uma outra versão se encontra em um livro que foi escrito no século X ou antes, pois sabe-se que passa a ser conhecido em 941: Os Segredos dos Segredos (*Sirr al-asrâr*)[24], cuja tradução para o latim feita em 1140 por João de Sevilha (Johannes Hispalensis), a segunda versão latina mais antiga e que que foi mais divulgada, está incluída nesta obra. Essas três versões em árabe são as 3 versões mais antigas

---

Sanhedrin 38b dos judeus explica que o anjo Metatron pode usar o nome de Deus. Hermes aqui é equiparado ao anjo Metatron, que usa o nome de Deus, não sendo Hermes considerado exatamente Deus.

[23] Apesar de ter sido escrita no século VI, a cópia mais antiga desse manuscrito é de 825.

[24] A autoria da obra foi atribuída a Apollonius de Tiana (cujo nome foi arabizado como Balinus Tuwani). Foi traduzida também por Roger Bacon, onde incluiu uma interpretação totalmente alquímica da Tábua de Esmeralda. Segundo essa interpretação, a Tábua de Esmeralda seria a fórmula para a Grande Obra, a realização da pedra filosofal.

conhecidas do texto, até o momento. A mais antiga foi traduzida no início dos anos 1100 para latim, mas não foi amplamente divulgada. Houve quem alegou ter encontrado versões em fenício, caldeu e chinês, mas isso não foi comprovado.

No Ocidente, a Tábua de Esmeralda e sua descoberta são citadas pela primeira vez em 1143, por Herman de Carinthie[25]. A partir do século XVI, ela passa a ser frequentemente publicada acompanhada de uma figura simbólica, chamada *Tabula Smaragdina Hermetis*. A primeira versão conhecida dessa figura data de 1588. Essa figura é circulada pela inscrição em latim *Visita Interiora Terrae Rectificando Invenies Occultum Lapidem*, cujas iniciais formam a palavra alquímica Vitriol.[26]

---

[25] Amigo de Robert de Chester, tradutor do *Liber de compositione alchimiae*, em 1144, considerado o primeiro tratado alquímico do Ocidente

[26] Tradução do texto latino: Visite o interior da terra e, retificando, você encontrará a pedra oculta. As sete iniciais das palavras em latim formam a palavra VITRIOL, para alguns, o nome antigo do ácido sulfúrico. Outros, como Fulcanelli, usavam como outro significado, uma substância usada para se criar a Pedra Filosofal.

Tabula Smaragdina Hermetis

Jon Marshall[27], autor de *The Emerald Tablet of Hermes – History of the Tablet*, diz, provavelmente baseado em estudos de Needham (1980) e Holmyard (1957):

> A Tábua provavelmente apareceu primeiro no Ocidente em edições do pseudo-aristotélico *Secretum Secretorum*[28] que era na verdade uma tradução do *Kitab Sirr al-Asar*, um livro de conselhos para reis que foi traduzido para o latim por Johannes Hispalensis por volta de 1140 e por Felipo de Tripoli por volta de 1243. Outras traduções da Tábua foram feitas durante o mesmo período por Plato de Tivoli e Hugh de Santalla, talvez de fontes diferentes.
>
> A data de *Kitab Sirr al-Asar* é incerta, apesar do ano aproximado 800 ter sido sugerido, e não está claro quando a tábua passou a ser incluída nessa obra. Holmyard foi o primeiro a encontrar uma outra das primeiras versões antiga árabes (Ruska encontrou uma recensão do século XII que afirma que foi ditada por Sergius de Nablus) no *Kitab Ustuqus al-Uss al-Thani (Segundo Livro dos Elementos de Fundação)* atribuído a Jabir[29].

Com relação à possível fonte de inspiração para a Tábua de Esmeralda, Jon Marshal afirma:

---

[27] M. E. Warlick que associa corretamente Hermes aos primórdios da Alquimia no livro *Max Ernst and Alchemy: A Magician in Search of Myth* diz que Jon Marshall escrevia para o website de alquimia www.levity.com.

[28] Segredo dos Segredos. O autor do livro afirma que é Aristóteles e que escreveu a obra para Alexandre Magno. Roger Bacon acreditava que o autor fosse Aristóteles, como afirma em *Un fragment inédit de l'Opus tertium de Roger Bacon, précedé d'une étude sur ce fragment* de Pierre Duhem, 1909.

[29] Também conhecido como Geber.

Os acadêmicos viram semelhanças entre esse livro e o *Libro Siríaco de Tesouros* escrito por Job de Odessa (século IX) e, mais interessante, também com os escritos gregos do bispo Nemesius de Emesa na Síria do século IV. Contudo, apesar de isso sugerir uma possível fonte síria, nenhum desses escritos contém a tábua.

Conforme os anos se passaram, a Tábua de Esmeralda se tornou o principal ponto da alquimia nos tempos medievais e modernos. Um dos estudos mais amplos sobre a Tábua é um documento do alquimista Ortolanus (ou Hortulano), escrito por volta do século XIII. Além de apresentar uma tradução da Tábua de Esmeralda, ele escreveu um comentário detalhado sobre o texto. M. Blavatsky, Fulcanelli, Trithemius, Roger Bacon, Aleister Crowley, Albertus Magnus, e Isaac Newton foram outras personalidades importantes que fizeram comentários ou traduções do latim do texto.

Contudo, teria a Tábua de esmeralda, como pedra, existido ou seria apenas uma lenda? É um fato que a esmeralda é tradicionalmente associada a Hermes, como o mercúrio é associado a Marte. Porém, existem relatos que mostram que na antiguidade, gregos e egípcios não sabiam distinguir a esmeralda de outras pedras verdes, como granitos. Essa ignorância se perpetuou ao longo da Idade Média e até mesmo pela Idade Moderna na Europa. De acordo com uma lenda citada na obra *Les origines de l'alchimie*, de M. Berthelot, 1885, Paris, dentre outros, entre os tesouros de reis godos em Toledo, na Espanha, os árabes sarracenos invasores encontraram uma tábua de esmeralda. Romances espanhóis e contos de fada árabes mencionaram por séculos a tábua de esmeralda encontrada na Espanha conhecida como o tesouro dos godos. Uma outra peça de esmeralda, na forma de um prato hexagonal, o Sacro Catino, é citada como tendo sido pilhada na tomada de Cesareia, na Palestina, em 1101, na Cruzada de Guglielmo Embriaco e tendo sido levada para Gênova, na época uma república. Com a peça, vieram as lendas. A peça talhada de uma esmeralda gigantesca tinha sido dada a Salomão pela rainha de Sabá. Não contente com a importância de um rei e uma rainha, a lenda vai avante e diz que Jesus Cristo teria comido sobre esse prato na última ceia com seus discípulos. Enfim, o Sacro Catino era o Santo Graal. A Legenda Áurea ou Lenda Dourada, um best-seller medieval dos últimos séculos da Idade Média, sustentava essa lenda, entre outras. A importância da peça crescia e, uma vez por ano, em Gênova, sacerdotes exibiam o Sacro Catino diante dos olhares da multidão admirada em uma das festas genovesas mais solenes. Reis e imperadores fizeram questão de contemplá-la ao visitar Gênova. Contudo, dúvidas sobre a autenticidade da grande peça de esmeralda aumentaram ao longo do século XVIII e só terminariam no início do século XIX. Foi um grande escândalo para os padres que exibiam esse monumento venerável, quando foi constatado que se tratava apenas de um vidro verde islâmico do século IX ou X. A análise foi feita na França depois que Napoleão, levando a peça para a França, a quebrou acidentalmente. A chegada de Napoleão em Gênova foi um duro golpe: representou o fim da república genovesa, de 800 anos de existência e o fim de uma lenda que durou 700 anos. A peça restaurada se encontra atualmente em Gênova, no Museo del Tesoro da catedral de San Lorenzo. Outras curiosidades correlatas podem ser encontradas em *Il mistero del Sacro Catino*, de Daniele Calcagno, 2000.

Assim, durante quase 1000 anos, uma peça de vidro enganou o mundo, passando-se por uma espécie de Santo Graal de esmeralda. A Tábua de Esmeralda nunca foi vista e mesmo que tenha existido um dia, poderia ter sido de qualquer pedra verde, até mesmo vidro. Por essas razões, poderia se crer que o objeto de esmeralda nunca existiu. Contudo, o texto atribuído à pedra existiu e provavelmente não é medieval, foi escrito realmente na Antiguidade, e sua existência é incontestável, já que é encontrado em um manuscrito escrito há cerca de 1500 anos e cita que foi traduzido de um texto grego que não significa que não existiu porque nunca foi encontrado. Se o texto original foi realmente escrito na Antiguidade, essa é outra incógnita, porém altamente plausível.

Em *The Complete Idiot's Guide to Alchemy*, Dennis W. Hauck, Penguin, 2008, o autor diz que dizia-se que os pilares de Hermes tinham 300^{30} rolos manuscritos além da Tábua de Esmeralda e que

---

[30] Christopher Knight e Robert Lomas em *The Hiram Key: Pharaohs, Freemasons*

textos antigos indicam que Alexandre os moveu para o Templo de Heliópolis em 332 a. C. e os exibiu. O pesquisador canadense Manly P. Hall afirma ter encontrado fragmentos[31] de uma carta de um viajante que tinha visto a Tábua de Esmeralda em Heliópolis. "É uma pedra preciosa, como a esmeralda", disse o homem, "com caracteres em baixo relevo. Acredita-se que tem cerca de 2000 anos. Essa esmeralda estava em estado líquido, como vidro derretido e tinha sido formada em uma esmeralda genuína e natural, por arte". Quando Alexandre Magno deixou o Egito em 331 a.C., tirou os tesouros dos pilares de Hermes e os guardou em uma caverna subterrânea na Capadócia, diz a lenda[32]. Uma outra lenda mencionada por Lachman diz que Alexandre Magno encontrou a Tábua de Esmeralda escondida sob os pés da esfinge no Egito. No ano 32, um jovem chamado Balinas[33] estava explorando cavernas fora da cidade de Tiana e descobriu os antigos textos escondidos por Alexandre. Segundo a lenda, o jovem era Apolônio de Tiana, cuja biografia é repleta de lendas, como milagres, habilidades mágicas e de cura. Ele teria devolvido a Tábua para Alexandria por volta do ano 70. A lenda continua e diz que a Tábua foi enterrada com outros textos e artefatos no platô de Giza por volta do ano 400, para protegê-la contra a destruição dos cristãos, mas ela foi procurada e nunca foi encontrada. Em outro livro do mesmo autor, Dennis W. Hauck, *The Emerald Tablet: Alchemy of Personal Transformation*, o autor cita a lenda que o sacerdote e historiador egípcio Maneton[34]

---

and the Discovery of the Secret Scrolls of Jesus dizem que eram 36.535 rolos.

[31] Fragmentos suspeitos, já que nunca foram vistos por nenhum autor considerado imparcial.

[32] No século XI, o teólogo alemão Alberto Magno escreveu que Alexandre Magno encontrou a Tábua de Esmeralda no Egito em 331 a.C. quando descobriu o que pensou ser a tumba de Hermes Trismegistus. Alexandre teria ordenado imediatamente a sua tradução.

[33] Nome arabizado de Apolônio

[34] De acordo com a Enciclopédia Britânica, Maneton foi um sacerdote e historiador que escreveu a história do Egito em três volumes em grego, *AEgyptiaca*, provavelmente comissionado por Ptolomeu I ou Ptolomeu II Philadelphus. Essa obra não sobreviveu, exceto por fragmentos incluídos no tratado de Flavius Josephus *Contra Apion* e por tabelas de dinastias incluídas em outros trabalhos. A divisão da estrutura da história do Antigo Egito em 30

havia encontrado pergaminhos antigos em dois pilares, um em Heliópolis e outro em Tebas. Os pilares posteriormente teriam sido movidos para um templo em Heliópolis. Ainda segundo o autor, Sólon, um dos sete sábios da Grécia Antiga, teria visto os pergaminhos e afirmado que eles relatavam a destruição de Atlântida. O grego Heródoto, conhecido como o Pai da História, menciona dois pilares em seu livro Histórias: um de ouro e outro de esmeralda. Com o incêndio na Biblioteca de Alexandria, muitos documentos foram perdidos. Entre os que escaparam, há uma carta para Ptolomeu II Philadelpus (285-246 a.C.) atribuída a Mâneton onde ele se identifica como "alto sacerdote e escriba dos sacros santuários do Egito... vivendo em Heliópolis", são mencionados "rolos sagrados" e o seu livro *Sothis*, onde descreve a grande inundação: "Após a inundação, os textos em hieróglifos escritos por Toth (o primeiro Hermes) foram traduzidos para grego e depositados em livros nos tempos egípcios pelo segundo Hermes (Hermes Trismegisto)[35]". De acordo com o autor de *Manetho: History of Egypt and Other Works*, publicado pela Harvard University Press, a editora da Universidade de Harvard, essa carta é "indubitavelmente uma falsificação". Mâneton cita 2 Hermes. O primeiro seria o deus Thot, que registrou o conhecimento antigo antes do dilúvio. Após o dilúvio, o conhecimento teria sido colocado nos templos pelo segundo Hermes. Já Cícero escreveu que existiram 5 Hermes. Voltando à carta, o livro *Thrice-Greatest Hermes* escrito por G. R. Mead também afirma que "nossas enciclopédias dizem que o livro *Sothis* é uma falsificação tardia", porém tenta provar o contrário. A origem dessa afirmação vem de Jean-Antoine Letronne, que conhecia muito bem o grego antigo a ponto de ter corrigido traduções antigas. Portanto, as lendas apresentadas pelo autor Dennis Hauck parecem ser suportadas por duas falsificações. Uma das razões que Letronne afirma que as cartas são falsas é que Hermes é chamado "grande e grande" e

---

dinastias de Maneton é usada ainda hoje por egiptólogos.

[35] Tradição também citada em *Dictionary of Deities and Demons in the Bible*. Karel van der Toorn, Bob Becking, Pieter van der Horst. Edição de 1999. Obra escrita por mais de 100 especialistas indicada para premiação como obra acadêmica em 1996. E citada em *Hermes Trismegiste: traduction complete precede d'une etude sur l'origine des livres hermetiques*, de Louis Menard, Paris, 1866

Letronne afirma que "trismegistus", citado nas cartas, não era conhecido nesta data em que a inscrição foi feita (por volta de 200 a.C.).

Se formos acreditar no acadêmico alemão e Professor da Universidade de Heidelberg Florian Ebeling[36], contudo, "o patrono epônimo do hermetismo nunca existiu. Hermes Trismegistus teria sido apenas uma ficção, porém uma ficção frutuosa e com efeitos duradouros. Acredita-se que a figura do lendário sábio egípcio surgiu da mesclagem de duas divindades de origem altamente divergentes: o deus egípcio Thot e o deus grego Hermes". Mas se Hermes nunca existiu, ele foi humanizado e transformado em personagem histórico em um determinado momento na Antiguidade a partir de sua origem divina. E de acordo com alguns especialistas, esse evemerismo, talvez para combater o paganismo, teria sido propagado pelos primeiros cristãos. Agostinho, no século V, por exemplo, não somente escreveu que Hermes era bisneto de um contemporâneo de Moisés, mas atribuiu a ele relatos mitológicos, presumindo que foram acontecimentos históricos.

> "E nessa época também viveu Mercúrio, neto de Atlas, nascido de Maia, sua filha: a história é comum. Ele foi um artista perfeito em muitas invenções boas e por isso acreditaram que era uma divindade.".

> "Esse foi Hermes - o Mercúrio mais velho - enterrado (dizem) em Hermópolis, a cidade de seu sobrenome. Veja, aqui há dois novos deuses, Asclépio e Hermes (Mercúrio), a opinião dos gregos e latinos confirma sobre o primeiro. Mas muitos pensam que o segundo nunca foi mortal".

Isidoro de Sevilha (séculos VI e VII) também dedica com evemerismo muitas passagens de seu *Etymologiarum sive libri XX* a

---

[17] Autor de *The Secret History of Hermes Trismegistus: From Ancient to Modern Times*. Londres: Cornell University Press, 2007

Hermes, o vendo como uma ficção pagã criada com base em uma personagem histórica que inventou a lira, a flauta etc.

Se por um lado, ocorre uma humanização do deus grego Hermes, outros cristãos demonizam Hermes-Mercúrio, como é o que escreve o escritor cristão Sulpício Severo (c. 363- ca.. 425), quando afirma que São Martinho foi abordado por dois demônios: "um deles era supostamente Júpiter e o outro era Mercúrio", que era o mais perigoso. O autor adiciona que o próprio Satã gosta de tomar a forma de Mercúrio (Dialogus I-II-II, VI, 4; XIII, 6; IX, 1). A mesma ideia ocorre com Martin de Bracarus (século VI). Em *Mistério de Barlaam e Josaphat*, escrito no século VI, Hermes aparece como ladrão, mentiroso e libertino[37]. Ao longo dos séculos, especialmente nos séculos XV a XVII, após a tradução de Marsílio Ficino do Corpus Hermeticum, intitulada *Pimander de Potestate et Sapientia Dei*, publicada em 1471 em Treviso[38], após o manuscrito ter sido levado da Macedônia para Florença para Cosimo de Medici por um monge chamado Leonardo nos anos 1460, Hermes passou a assumir vários papéis ou arquétipos, guia dos mortos, ladrão, alquimista, o primeiro teólogo, inventor do alfabeto, especialista em retórica, escritor, mensageiro divino, instrutor de mentiras etc.

A imagem de Hermes criada por volta dos anos 1480 na Catedral de Siena na Itália e os afrescos pintados em uma sala da biblioteca do Vaticano por ordem do Papa Sixtus V anos depois indicam que a figura de Hermes estava muito em alta na segunda metade do século XV e no século XVI dentro da Igreja Católica, assim como esteve em alta entre os primeiros cristãos. Não é à toa que o renascimento tem o seu berço na Itália: os reinos e as repúblicas espalhados na península itálica nesses anos eram as regiões mais ricas do Ocidente e exportavam cultura para outras áreas da Europa e, assim, o renascimento hermético que ocorre mediante a tradução de Ficino[39]

---

[37] Faivre em sua obra *The Eternal Hermes*.

[38] Após a tradução para latim, surgiram traduções do Corpus Hermeticum em francês e italiano nas décadas seguintes. A primeira tradução para inglês apareceu em 1650 e para alemão em 1706.

[39] A historiadora inglesa Francis Yates conta que a tradução de Ficino ocorre em

foi exportado para a Europa. Por isso, em 1684, por exemplo, W. Kriesgmann tenta provar em sua obra *Conjectaneorum de germanicae gentis originae* que Hermes foi o fundador dos povos germânicos, usando argumentos filológicos, associando Thot a Teuto. É no século XVII que o maior número de obras alemães com figuras sobre alquimia é impresso e Mercúrio é o Deus mais representado.

Costuma-se afirmar que o sincretismo dos deuses gregos e egípcios ocorreu após Alexandre Magno conquistar o Egito em 332 a.C., quando os deuses egípcios foram considerados equivalentes aos deuses gregos pelos gregos vivendo no Egito. Isso não é bem assim. Heródoto, considerado o Pai da História, escreveu muito antes da conquista do Egito que esses dois deuses já se correspondiam mutuamente, portanto tratava-se de uma crença de correspondência que já existia há séculos, de "longa duração", tendo sido oficializada após a conquista. O sincretismo de Thot e Hermes se tornou oficial no século III a.C., conforme atestado por um decreto emitido por sacerdotes de Rosetta (196 a.C.). Posteriormente, Hermes foi associado ao Mercúrio dos romanos. Após o sincretismo dos deuses egípcio e grego, no século II a.C. passa-se a atribuir a Hermes o epíteto "três vezes grande". A razão disso, de acordo com o historiador grego Diodoro Sículo, autor da Biblioteca Histórica (também chamada História Universal, de 40 volumes), que viveu no século I a. C. é que esse deus inventou o alfabeto, foi o primeiro a perceber a ordem nas estrelas e "ensinou a eloquência (hermeneia) aos gregos e é por isso que é chamado Hermes".

Por outro lado, parte da origem de Hermes poderia ser encontrada na China, de acordo com as associações de Bouvet e do abade Van Drival[40], que traçaram paralelos entre o egípcio Thoth e Fo-hi

---

uma situação extraordinária. Cosme de Médici havia pedido a Ficino a tradução de Platão, mas quando o monge Leonardo de Pistoia o apresenta o documento que encontrou na Macedônia, o Médici pede a Ficino para interromper a tradução de Platão, importantíssimo filósofo que estabeleceu as bases da filosofia e ciência no mundo ocidental, e traduzir Hermes Trismegistus.

[40] O matemático Leibniz acreditava que Hermes tinha relação com o I Ching e o pensamento chinês antigo, mas aparentemente discordava da associação entre

(também chamado de Fu Xi, Fushi, Fu Hsi, Fo Xi, Pao Hsi), personagem lendário considerado o fundador da nação chinesa, que instituiu o casamento, regras morais, criou leis, contribuiu para o sistema de escrita chinês etc. De acordo com Van Drival, a expressão "trismegistus" tem seu correspondente na palavra "Tai-hao"[41], sobrenome dado pelos chineses a Fo-hi, que significa três vezes grande. Segundo os chineses, ainda conforme Van Drival, Fo-hi foi chamado 3 vezes grandes porque comandou um grande império, foi um sacerdote que instituiu sacrifícios e, sendo o primeiro dos escritores, e profeta, escreveu os destinos do universo. Hermes segundo é 3 vezes grande porque foi rei, filósofo (e profeta para alguns) e sacerdote, além de ter criado o alfabeto egípcio de hieróglifos, segundo a tradição[42]. Como Hermes, ele é um deus e um líder na terra que assume a forma humana. Além disso, Fo-hi, que nasceu de uma virgem, teria vivido antes do dilúvio, sendo ele e sua irmã os 2 únicos sobreviventes, o que coincide com as lendas sobre Hermes antidiluviano. Tradicionalmente, Fo-hi criou o *I Ching*. Van Drival estabelece também interessantes paralelos através de crenças que se coincidem entre Enoque[43], o sétimo homem após na genealogia bíblica, Fo-hi e Hermes. De acordo com o site sobre cultura chinês cul.chinese.cn, a cultura Fuxi tem mais de 8000 anos, mas o imperador Fuxi teria reinado por volta do ano 2900 a.C.

Hermes e Fu Xi feita inicialmente por Bouvet.

[41] O significado de Tai-hao parece ser algo como "brilho supremo" ou o "grande brilhante" e não três vezes grande. De acordo com *Ancient China's Myths and Beliefs* de Tony Allan e Charles Phillips e outras obras, Fuxi é às vezes nomeado Tai-hao.

[42] Van Drival, Eugene. *Études sur le grand monument funéraire égyptien du Musée de Boulogne*. Bolonha: Berger, 1850. P. 71.

[43] A quem possa interessar, estou terminando uma tradução do livro de Enoque, que faz parte da Bíblia dos etíopes, que deve ser publicada em 2018 com comparações das melhores traduções (feitas no Brasil e fora), além de comparar diferenças que existem entre manuscritos gregos e etíopes, enfim, será a tradução brasileira do livro de Enoque que mais analisou textos com o livro para produzir o melhor resultado.

Van Drival vai além e diz que várias nações antigas acreditavam, usando diferentes nomes, em um legislador que viveu em uma época distante, mestre do mundo antigo e autor de toda literatura. Ele cita Adaris, Adris ou Edris dos árabes, Ouriai ou Douvirai entre os caldeus, Taaut entre os fenícios e Teutates entre os gauleses.

Por trás dessas lendas, algumas das quais com origem na Antiguidade, sobre as origens do hermetismo, a Tábua de Esmeralda e o próprio Hermes Trismegistus, permaneceu entre os alquimistas, membros de algumas sociedades secretas e estudiosos uma convicção de que uma espécie de conhecimento secreto tinha sido perdido em algum momento[44], para alguns, antes do dilúvio, e que era necessário reencontrá-lo. A história dessa perda de sabedoria da era adâmica ou vinda da Atlântida é também considerada lendária. Talvez essa sabedoria ou parte dela tenha sido realmente destruída por uma catástrofe passada de grande porte, mas infelizmente os acadêmicos até o momento ainda não conseguiram provar absolutamente nada sobre isso, o que não significa que a história esteja encerrada e tudo relacionado a Hermes ou a uma sabedoria perdida seja realmente lenda. Mas por que razão a sabedoria teria sido associada a Hermes e não a um outro Deus? É difícil explicar, mas a importância de Hermes no Antigo Egito era grande. A obra *Symbola aureae mensae*[45] relata que:

> "Entre as outras estátuas (de Hermes), havia uma de pedra em Achaia Pharis, que emitia oráculos. À noite, as pessoas acendiam incenso em seu altar, enchiam as lâmpadas com óleo, colocavam dinheiro na mão direita da estátua e então murmuravam orações na orelha do deus. Uma vez que esses ritos terminavam, as pessoas se dispersavam, deixando o templo e voltavam para casa com seus ouvidos tampados. Depois iam ao mercado e destampavam

---

[44] Flavius Josefus conta que os netos de Adão, filhos de Set, tinham gravado o conhecimento antediluviano em duas colunas, uma delas feita de tijolos e a outra de pedra, para resistir a um possível dilúvio. A coluna de pedra sobreviveu e, para alguns, ainda pode ser vista na Síria.

[45] Escrito em latim por Michael Maier, publicado em Frankfurt, em 1617.

os ouvidos e a primeira palavra que ouviam era interpretada como a resposta de Mercúrio".

Essa proximidade que o deus Hermes tinha com a população, que podia sussurrar em sua orelha uma pergunta e ouvir a sabedoria divina na forma de resposta no dia seguinte, através da boca de uma pessoa qualquer, pode ter colaborado também, ao lado do combate contra o paganismo através do evemerismo, para a personificação e humanização de Hermes.

A figura de Hermes é repleta de contradições. Se Hermes foi adorado nos primeiros séculos da era cristã em muitas partes do Império Romano, alguns de seus escritos foram considerados heréticos pelos primeiros cristãos. E se foi especial para os alquimistas, astrólogos e magos, foi demonizado por cristãos nos séculos XVI e XVII, quando aparece associado na literatura demonológica a Ofiel e Mefistofiel (ou Megistofiel), ou até mesmo na Idade Média, quando Mercúrio é associado a Satã, conforme afirma Julius Goebel.

Os vários Hermes também contribuem para adicionar uma certa confusão à tradição hermética. O acadêmico Peter Kingsley explica essa situação da seguinte forma: o professor de Hermes e a fonte de revelação era Thot. Thot foi considerado pelos gregos o equivalente a Hermes. Mas os autores dos livros herméticos nem sempre consideraram os dois deuses idênticos. Dentro e fora da tradição hermética, encontra-se a tradição de que houve 2 Hermes. O primeiro foi Thot, apresentado como fonte de sabedoria e revelação e o seu descendente foi Hermes Trismegisto. A tradição teria sido registrada por Thot antes do dilúvio e posteriormente traduzida para grego e depositada na forma de livros nos santuários egípcios pelo segundo Hermes, pai de Tat. Assim, Hermes seria apenas o tradutor ou o transmissor da sabedoria chamada de hermética.[46]

Não é certamente uma tarefa fácil tentar esclarecer um pouco um assunto tão polêmico com tantas lendas sobre a origem da Tábua de

---

[46] Kingsley, Peter. *Poimandres: The etymology of the name and the origins of the Hermetica*. Journal of the Walburg and C. Institutes. Volume 56, 1993. p. 8-9

Esmeralda ou o próprio Hermes. As influências de Hermes foram muitas, como já se viu, e ele influenciou também a psicologia jungueana, como se vê no ensaio *O Espírito de Mercúrio* de Jung[47]. Hermes também é pai de seu próprio imaginário composto de arquétipos jungueanos de longa duração. O nome Hermes serviu para assinar vários textos medievais de magia, botânica, pedras, filosofia, astrologia, medicina etc. Para muitos estudiosos, Hermes é o pai ou fundador da alquimia.

Se para alguns acadêmicos, provavelmente Hermes nunca existiu, quem teria então escrito os textos herméticos e talvez a Tábua de Esmeralda? Van Bladel explica que em algum momento nos primeiros séculos após Cristo, alguns sábios anônimos no Egito Romano, aparentemente ao longo de algumas gerações, escreveram tratados sobre ciência e filosofia em grego, fazendo uso de uma tradição claramente egípcia. Alguns desses trabalhos possuem diálogos entre vários deuses egípcios, alguns usando o nome grego correspondente e outros mantendo o seu nome egípcio: a principal personagem nesses textos é Hermes, que normalmente aparece com professor de outros, como Tat, Amon e Asclépio.

E qual é o espaço que Hermes possui no tempo presente? Estudos sobre o hermetismo continuam sendo empreendidos e, se por um lado, documentos herméticos continuam sendo descobertos, traduzidos por acadêmicos, e publicados, a maioria dos manuscritos atribuídos a Hermes escritos em árabe nem foi traduzida e é totalmente desconhecida do grande público. Provavelmente, os estudos continuarão, para tentar entender da melhor forma possível a origem dos textos herméticos. Contudo, Faivre respondeu a essa pergunta em sua obra com receio, da seguinte forma: o renascimento foi muito importante pelo estudo do hermetismo, mas a presença de Hermes está ameaçada perpetuamente por três perigos: primeiramente, na própria literatura hermética, por uma erudição parcial ou não existente. Muitos trabalhos publicados se constituem em uma traição da realidade histórica quando a referência é feita a textos do passado. Além disso, há falsificações históricas, além de reimpressões de

---

[47] Veja o Apêndice.

estudos mal pesquisados. Em segundo lugar, há o evemerismo. O terceiro perigo, segundo o autor, é uma confusão de objetivos. Trata-se de uma confusão que reina em muitos círculos, entre o simbolismo iniciático como meio de conhecimento espiritual e a simples e legítima necessidade de integração psíquica. Por outro lado, Van Bladel afirma que há manuscritos em árabe atribuídos a Hermes que sobrevivem intactos.

Se, por um lado, todos os textos atribuídos a Hermes são considerados pelos acadêmicos atuais pseudoepígrafos, inclusive a Tábua de Esmeralda, e a própria existência de Hermes como pessoa é negada ou colocada em dúvida pelos acadêmicos, nada se pode afirmar em relação ao futuro, sobre possíveis descobertas arqueológicas futuras que poderiam mudar o que o mundo acadêmico considera verdade. Apesar de eventos raros, textos herméticos desconhecidos continuam a ser encontrados, traduzidos e publicados. Não se poderia descartar, portanto, uma futura descoberta arqueológica no Egito de textos antigos, de uma sabedoria antiga, lendária e considerada perdida, que hoje existe somente no mundo na tradição. Se levarmos em conta que mais de uma vez no passado lendas foram transformadas em realidade após descobertas arqueológicas, isso poderia se repetir com uma nova descoberta que revelasse uma sabedoria perdida com novos manuscritos ou hieróglifos gravados em paredes de câmaras secretas, quem sabe desenterradas, que poderiam trazer à luz questões antigas relativas ao hermetismo e à figura de Hermes.

No livro *Secret of the Emerald Tablet: From die Alchemie by Dr. Gottlieb Latz*, que é uma tradução feita por Dennis W. Hauck de partes do livro *Die Alchimie* de Gottlieb Latz, um livro de 600 páginas escrito no século XIX, se lê que o autor afirma que "após uma ampla pesquisa na história da Tábua da Esmeralda, eu descobri uma tradução em grego do texto original que foi feita por volta do ano 300 a.C. Essa tradução foi feita por três alquimistas alexandrinos". Essa versão é desconhecida do mundo acadêmico.

Finalmente, sobre essas questões polêmicas e opiniões diversas que giram em torno à Tábua da Esmeralda, os escritos herméticos e seu autor, parece-me válido concluir com a opinião de Jean-François

Champollion[48], pai da egiptologia, acadêmico que conseguiu decifrar os hieróglifos egípcios, explícito no texto escrito por Artaud, em 1858, em seu artigo sobre Hermes Trismegistus, publicado em Paris por Firmin Didot em *Nouvelle Biographie Générale*:

> "Ouvimos Champollion, o jovem, falando que os livros de Hermes Trismegistus realmente continham a doutrina egípcia antiga e que traços disso podem ser descobertos dos hieróglifos que cobrem os monumentos do Egito. Além disso, se esses fragmentos forem examinados, encontraremos neles uma teologia suficientemente de acordo com as doutrinas expostas por Platão em Timeus – doutrinas inteiramente diferentes das de outras escolas gregas que, portanto, foram consideradas tiradas por Platão dos templos do Egito, quando ele foi lá conversar com os sacerdotes".[49]

---

[48] Festugiere nos anos 1940 e 1950 tentou mostrar definitivamente que os livros herméticos eram, de fato, totalmente helenísticos e nada deviam a culturas não gregas e escreveu 4 volumes para provar isso. Nos anos 1970 e 1980, estudos feitos por Jean-Pierre Mahé e Garth Fowden concluíram que os textos tinham sim algo distintamente egípcio neles. Na hipótese de Mahé, os textos gregos descendem de um gênero de textos egípcios de instruções com aforismos. Fowden com argumentos bem documentados afirmou que os textos eram o produto de uma sociedade egípcia e romana que tinham sintetizado ideias correntes nessas duas tradições culturais. Van Bladel concorda com essa ideia sobre a gênese dos textos herméticos, escritos entre o século I a.C e o século II ou III. M. W. Bloomfield afirmou que "estes escritos são, em sua maior parte, produto dos neoplatônicos egípcios, influenciados pelo estoicismo, pelo judaísmo, pela teologia persa e possivelmente pelas crenças nativas do Egito, bem como, naturalmente, por Platão e, em especial, pelo Timeu. Eram talvez a Bíblia de uma religião egípcia de mistério, cujo âmago é possível que remonte ao século II a.C." Os egiptólogos Richard Jasnow e Karl-Theodor Zauzich publicaram em 2005 um texto em egípcio demótico contendo um diálogo de instruções entre o deus Thot e um aluno, mr-rh, "amante do conhecimento". O manuscrito foi datado como escrito entre os séculos II a.C. e I a.C. e pode ser considerado o avô de alguns textos herméticos.

[49] Citado por Mead em *Thrice-Greatest Hermes*. p. 27

Outra afirmação que eu poderia fazer, sem certeza, contudo, é que a Tábua de Hermes poderia ter alguma relação com desenhos egípcios antigos do deus Thoth. Em alguns desenhos, Thoth carregava uma tábua para escrever. Thoth era considerado o escriba dos Deuses. E nesta tábua, de acordo com a antiga crença dos egípcios, estariam escritos eventos que teriam peso no julgamento de Osíris sobre os mortos.

A obra *Pantheon Egyptien* de Champollion, pai da egiptologia, elenca 2 deuses egípcios chamados Hermes. Sobre o segundo, o pai da egiptologia afirma o seguinte:

> "A grande parte das grandes cenas pintadas, colocadas no início ou no fim dos manuscritos funerários, seja com escrita com hieróglifos, seja com escrita hierática, e que representam a psicostasia e o julgamento das almas[50] por Osíris, nos oferecem o segundo Hermes de pé diante do trono do juiz supremo... A cabeça do deus é a de um íbis, normalmente pintado de preto... o deus tem na sua mão esquerda uma tabuleta retangular parecida com aquelas que foram descobertas recentemente nas catacumbas egípcias e que possuem, na parte superior, duas cavidades destinadas a receber tintas nas cores preta e vermelha e, no meio, ranhuras para os pincéis, facilmente reconhecidas como utensílio de pintura ou de escrita. A essas tabuletas[51], que levam quase todas as lendas hieroglíficas, foi dado o nome de paleta. Thoth é mostrado traçando com uma cana ou um pincel que ele tem em sua mão direita, caracteres sobre a tabuleta que, combinados com o pincel e um pequeno vaso com tinta ou água para diluir as cores... exprime as ideias de escrever e

---

[50] O direcionamento das almas que a morte separava dos corpos terrestres era função do deus egípcio Thoth com cabeça de Íbis e do deus Hermes grego.

[51] Tabuleta ou tábua, que J. G. Honoré Greppo chamou de "tábuas do destino" em seu ensaio sobre o sistema hieroglífico de Champollion.

de escritura... eu identifiquei na pintura dos manuscritos mais meticulosos, que o caractere inscrito por Thoth na tabuleta era o sinal curvado, uma das formas da consoante S na escrita hieroglífica[52]. Como não pude apresentar nada além de suposições sobre o sentido desta letra inicial, apenas reconheci o fato".

Ainda conforme *Pantheon Egyptien* de Champollion:

"Este deus (Hermes ou Thoth) aparece nas pinturas de múmias segurando em suas mãos o emblema da parte inferior do mundo, que compreendia uma parte do céu e Amenti, lugar onde as almas eram julgadas por Osíris. O nome escrito da parte inferior do universo se compõe, nos textos hieroglíficos, com uma pluma, do segmento de esfera ligado ao sinal curvado que exprime a articulação S...."

---

[52] Como a primeira letra do deus Sovk em hieróglifos egípcios.

Imagem extraída de *Pantheon Egyptien*, obra elaborada por Champollion com desenhos feitos pelo artista L. Dubois, que consiste em uma coleção de imagens de personagens mitológicos do antigo Egito, com base em imagens encontradas nos monumentos egípcios. Imagem chamada Thoth guia das almas, o segundo Hermes. Ele segura uma tábua, onde escreve, que poderia ter relação com a Tábua de Esmeralda.

Poderíamos fazer a seguinte suposição: ao mesmo tempo em que a crença egípcia de Thoth que segura uma tábua que está refletida nas imagens pintadas em manuscritos funerários tem relação com a Tábua de Esmeralda e a imagem de Thoth que está pintada nas múmias segurando o emblema da parte inferior do mundo reflete a crença egípcia antiga contida no início do texto da Tábua de Esmeralda, que diz: o que está em baixo corresponde ao que está em cima e o que está em cima corresponde ao que está em baixo. Parecem ser 2 indicações que nos levam a crer que a Tábua de Esmeralda tem conexões com o antigo Egito. Temos que levar em conta que no Antigo Egito havia estátuas de Thoth espalhadas pelo Egito, provavelmente em algumas delas, ele segurava uma tábua ou tabuleta. Apesar de a maioria dos acadêmicos acreditar que a Tábua de Esmeralda é uma criação medieval, as suas origens parecem se encontrar no antigo Egito. Parece-me uma hipótese plausível.

Para quem quer imaginar, em relações às prováveis dimensões da Tábua de Esmeralda, obviamente caso ela tenha realmente existido no Antigo Egito, se supusermos que ela tinha as mesmas dimensões das tabuletas usadas pelos escribas egípcios, ela deve ter tido de 25 cm a 43 cm de comprimento e entre 5 e 7,5 cm centímetros de largura. As tabuletas usadas pelos escribas normalmente tinham 2 cavidades redondas para as tintas vermelha e preta, e uma ranhura ou mais ranhuras para conter as penas. Tanto as cavidades redondas como as ranhuras podem ser vistas na imagem de Thoth tirada do *Pantheon Egyptien* (página anterior) e em pinturas do deus Thoth em manuscritos egípcios antigos. As inscrições nas tabuletas eram feitas com tinta ou com cortes.

Imagem de *Pantheon Egyptien*, chamada Thoth Trismegisto, o primeiro Hermes, Hermes Trismegisto.

E mais uma vez conforme a espetacular obra *Pantheon Egyptien* de Champollion:

> "O primeiro Thoth, Hermes Trismegisto, o Hermes celeste ou a inteligência divina personificada, o único dos seres divinos que, desde a origem das coisas, compreendeu a essência do Deus supremo, tinha, segundo os mitos sagrados do Egito, escrito esses conhecimentos celestes em livros que permaneceram desconhecidos até que o Demiurgo criasse as almas, o universo material e a raça humana. O primeiro Hermes escreveu esses livros

usando língua e escrita divinas ou sagradas[53], mas após o cataclismo, quando o mundo físico foi reorganizado e recebeu uma nova existência, o criador, com pena dos homens que viviam sem regra e sem lei, desejou, traçar a via que deveriam percorrer. Foi assim que se manifestaram sobre a terra Ísis e Osíris, cuja missão especial era de civilizar a espécie humana. Esses dois esposos tinham como conselheiro fiel e associado Thoth, que para os gregos foi o segundo Hermes, que era a encarnação do primeiro, ou o Hermes celeste manifestado sobre a terra".

Richard Jasnow e Karl-Theodor Zauzich fizeram há alguns anos uma tradução do Livro de Thoth com base em papiros com hieróglifos. A maioria desses papiros data do século II, mas o conteúdo do texto pode ser datado ao século I a. C. O texto está estruturado na forma de um diálogo do Deus Thoth com um discípulo "que quer aprender", no estilo dos diálogos de Hermes nos textos herméticos. Além disso, no texto, Thoth é chamado de *wr wr wr*, ou seja, trimegas, uma variação de trismegisto ou três vezes grande.

---

[53] A língua e a escrita inventadas por Hermes (segundo), foi chamada hieroglífica por Mâneton porque serviram inicialmente para escrever livros sagrados, posteriormente tendo sido comunicadas aos homens. Elas diferiam da língua e escrita dos deuses, que serviram ao primeiro Hermes para escrever os livros com conhecimento celeste. Os sacerdotes egípcios reconheciam este deus como o autor dos 42 livros (cujos títulos foram preservados) que deviam conhecer, em parte ou a fundo, de acordo com sua posição hierárquica.

A imagem acima ilustra uma versão de Tábua de Esmeralda em latim gravada sobre uma rocha. Ela está em um livro escrito por Heinrich Khunrath: *Amphitheatrum Sapientiae Eternae*, publicado entre 1606 e 1610, Hanover, Alemanha.

De alchimia.

Et pater noster Hermogenes qui triplex est in philoso/phia optime prophetando dixit: veritas ita se habet & non est dubium ꝙ inferiora superioribus respondent: operator vero miraculorum vnuus solus deus est: a quo dependet omnis operatio mirabilis: sicut omnis res creatur ab vna sola substantia vna sola dispositione: cuius pater est sol & mater luna: ꝗ portauit ipsam per auram in vtero: terra tamen priuata est ab ea: hic dicitur pater incantamentorum: thesaurus miraculorum: largitor virtutis. et igne facta est terra: sepera terram ex igne: qꝛ subtile dignius est grosso: & rarum spisso: hoc sit sapienter & discrete, ascendit.n. de terra in coelum: & ruit de coelo in terram. & interficit superiorem & inferiorem virtutem: sic ergo dominatur inferioribus & superioribus. & tu dominaberis sursum & deorsum: tecum enim est lumen luminum & propter hoc fugiunt a te omnes tenebre. & virtus superior vincit omnia. Omne.n. rerum agit in densum sm dispositionem maioris mundi currit hec operatio. & propter hoc doctor Hermogenes triplex in philosophia.

Texto latino da Tábua de Esmeralda impressa no *Secretum Secretorum*, impressão de 1555, Veneza.

SECRETVM
SECRETORVM
ARISTOTELIS AD ALEXANDRVM
Magnum, cum eiufdem Tractatu de
Animæ immortalitate nunc
primùm adiecto.

والشفا وان كان القمر في الجوزا والسنبلة والحية
دل على توسط العمر وان كان القمر في القوس والاسد
والدلو والعقرب يدل على طول العلة والابطا في البرو
والله اعلم حساب للمريض وهو انك تحسب اسم المريض
واسم اليوم الذي انت فيه وتضيف اليه ما قد مضا من الشهر
العربي الذي انت فيه وتزيد عليه عشرين من القوى ثم
تسقط الجميع ٣٠ ٣٠ والذي يفضل معك من هذا الاسقاط
تدخل فيه الجدولين احدهما لوح الحياة والثاني لوح الموت
وتطلب ما قد بقي معك من العدد وای لوح اتفق فان كان
لوح الحياة فالحياة وان كان لوح الموت فالموت والله اعلم

لوح الموت			لوح الحياه		
٣	٢	١	٦	٥	٤
١٣	١١	٧	٧	٩	٨
١٧	١٦	١٤	١٨	٢٥	٢٢
٢١	٢٠	١٩	١٥	٢٤	٢١
٢٨	٢٦	٢٣	٣٠	٢٩	٢٧

فائدة اذا اردت ان تعلم الحاكم كم يقيم في حكمه في ذلك الولاية
الذي يتولاها فاحسب اسمه واسم اليوم الذي دخل فيه بالجمل
الكبير واسقط الجميع خمسة خمسة وانظر ایش یبقی معك
بعد الاسقاط فان بقي واحد او اثنين بعد لا سريعا ولا يقيم الا القليل
وان بقي اربعة او ثلاثة ان مدتاطويلة يقيم وان بقي خمسة فانه يموت في

Uma página manuscrita em árabe do *Secretum Secretorum* (Kitâb Sirr al-asrâr), com duas tabelas segundo as quais se poderia saber se um paciente iria morrer ou viver em função do valor numérico do seu nome.

Iluminura alquímica da primeira metade do século XV mostrando Hermes e a Tábua de Esmeralda, em *Aurora Consurgens*[54]. O desenho mostrando a leitura por um sábio em um templo rodeado de aves aparece com certa frequência no final da Idade Média, aludindo, no Renascimento, à redescoberta do saber antigo[55]. Trata-se de uma das imagens mais antigas mostrando Hermes.

---

[54] Texto considerado pseudo-Aquino, apesar de haver argumentos em favor de Tomás de Aquino. Versões iluminadas do livro são encontradas em bibliotecas em Zurique, Glasgow, Leiden, Paris, Praga e Berlim.

[55] O desenho parece ter sido inspirado em um desenho contido no tratado alquímico A Água Prateada (The Silvery Water) de Muḥammad Ibn Umails.

Uma reconstrução da suposta Tábua de Esmeralda, na visão dos construtores, *International Alchemy Guild*.[56]

---

[56] Feita em resina pintada com verde envelhecido com 30 x 40 cm. Encontra-se à venda por 115 euros no site http://www.mj2artesanos.es/tienda/en/home/19-emerald-tablet.html

Tábua de Esmeralda

Tradução do texto latino de *Secretum Secretorum* [57]

1. É verdade, sem mentira, certo e verdadeiríssimo:
2. O que está em baixo corresponde ao que está em cima e o que está em cima corresponde ao que está em baixo, realizando o milagre da Unidade.
3. E todas as coisas vêm dessa Unidade, através da Unidade e todas as coisas seguem essa Unidade da mesma forma.
4. O seu Pai é o sol. A sua mãe é a lua. O vento é levado na sua barriga. A terra o nutre.[58]
5. O pai de todos os segredos[59] de todo o mundo está aqui.
6. A sua virtude é íntegra, se ela for transformada em terra.
7. Separe a terra do fogo, o mole do duro, suavemente com grande habilidade.
8. A terra sobe ao céu e desce novamente à terra e recebe força de cima e de baixo.
9. Assim você terá a glória de todo o mundo.
10. E todas as trevas fugirão de você.
11. Este é o maior poder de todos: pois ele supera tudo e penetra em tudo sólido.
12. Assim o mundo foi criado.

---

[57] Tradução do latim do autor deste livro. Essa versão foi publicada originalmente em árabe não se sabe exatamente quando, provavelmente entre o século VIII e X. Foi traduzida para o latim pela primeira vez em 1140.

[58] Segundo uma interpretação, os quatro elementos, do que tudo era composto, conforme os antigos acreditavam. Para os alquimistas, o sol e a lua representam o ouro e a prata alquímicos.

[59] Telesma, de acordo com um comentador anônimo do século XII, significa segredo. A adivinhação para os árabes era chamada de telesma. Então pai de todos os telesmas significa de todos os segredos ou que conhece o futuro.

13. Disso ocorrerão coisas incríveis porque este é o modo.
14. Por isso sou chamado Hermes Trismegisto, tenho três partes da filosofia do mundo todo.
15. Assim concluo a explicação sobre a operação do Sol.

A Tábua do Século VIII

Tradução do árabe de Geber (Jabir ibn Hayyân)[60]. É possível que as traduções tardias (aparentemente mais completas) tenham tido adições feitas nos séculos IX e X e esta versão esteja mais próxima da versão original.

1. Verdade! Certeza! Verdadeiríssimo!
2. Que o que está acima é do que está abaixo e o que está abaixo é do que está acima, fazendo os milagres do Uno.
3. Todas as coisas vieram do uno.
4. O seu pai é o sol e a sua mãe é a lua.
5. A terra o carrega em sua barriga e o vento o nutre em sua barriga,
7. Já que a terra se tornará fogo.
7a. Alimente a terra com o que é sutil, com a maior força.
8. Ele sobe da terra até os céus e reina sobre o que está acima e o que está abaixo.
14. E eu expliquei o significado de tudo isso em dois livros meus.

---

[60] A tradução desse texto foi feita de uma tradução inglesa.

A Tábua em latim do *Secretum Secretorum*

Tabula Smaragdina

Versão do *Secretum Secretorum* (Livro dos Segredos dos Segredos). Obra traduzida do árabe no século XII, foi um livro popular na Idade Média.

1. Verum sine mendacio, certum et verissimum:
2. Quod est inferius est sicut quod est superius, et quod est superius est sicut quod est inferius, ad perpetranda miracula rei unius.
3. Et sict omnes res fuerunt ab Uno, mediatione[61] unius, sic omnes res natæ fuerunt ab hac una re, adaptatione.
4. Pater ejus est Sol, mater ejus Luna; portavit illud Ventus in ventre suo; nutrix ejus Terra est.
5. Pater omnes Telesmi[62] totius mundi est hic.
6. Vis ejus integra est, si versa fuerit in Terram.
7. Separabis terram ab igne, subtile a spisso, suaviter, cum magno ingenio.
8. Ascendit a terra in cœlum, interumque descendit in terram et recipit vim superiorum et inferiorum.
9. Sic habebis gloriam totius mundi.
10. Ideo fugiet a te omnis obscuritas.
11. Hic est totius fortitudinis fortitudo fortis: quis vincet omnem rem subtilem omnemque solidam penetrabit.
12. Sic mundus creatus est.
13. Hinc erunt adaptationes mirabiles quarum modus est hic.
14. Itaque vocatus sum Hermes Trismegistus, habens tres partes philosophiæ totius mundi.
15. Completum est quod dixi de Operatione Solis.

---

[61] Alguns manuscritos em latim têm a palavra meditatione (contemplação, meditação) e outros mediatione (mediação).

[62] Telesma, de acordo com um comentador anônimo do século XII, significa segredo. A adivinhação para os árabes era chamada de telesma. Então pai de todos os telesmas significa de todos os segredos ou que conhece o futuro.

A Tábua em latim do *De Alchemia*

Livro do alquimista árabe Geber, Nuremberg 1541. O texto original foi publicado sem os números, que foram inseridos para facilitar comparação com a versão do *Secretum Secretorum*. O texto foi transcrito da figura incluída na introdução, página 12. As duas versões são idênticas, exceto por questões de pontuação ou erros ortográficos:

1. Verum, sine mendacio, certum et verissimum.
2. Quod est inferius est sicut quod est superius. Et quod est superius est sicut quod est inferius, ad perpetranda miracula rei unius.
3. Et sicut omnes res fuerunt ab uno, meditatione unius. Sic omnes res natae fuerunt ab hac una re, adaptatione.
4. Pater eius est Sol. Mater eius Luna. Portavit illud ventus in ventre suo. Nutrix eius terra est.
5. Pater omnis telesmi totius mundi est hic.
6. Vis eius integra est, si versa fuerit in terram.
7. Separabis terram a igne, subtile ab spisso, suaviter, cum magno ingenio.
8. Ascendit a terra in coelum, iterumque descendit in terram, et recipit vim superiorum et inferiorum.
9. Sic habebis Gloriam totius mundi.
10. Ideo fugiet a te omnis obscuritas.
11. Haec est totius fortitudinis fortitudo fortis, qua vincet omnem rem subtilem, omnemque solidam penetrabit.
12. Sic mundus creatus est.
13. Hinc erunt adaptationes mirabiles, quarum modus est hic.
14. Itaque vocatus sum Hermes Trismegistus, habens tres partes philosophiae totius mundi.
15. Completum est, quod dixi de operatione Solis.

Outras Traduções

Algumas outras versões da Tábua de Esmeralda, menos conhecidas, foram encontradas em manuscritos árabes. Segundo B. Husson, a obra *Prodomus Rhodostauroticus*, livro de tradição rosa-cruz publicado em 1620, contém uma versão da tábua de esmeralda em linguagem simbólicos, ou seja, na forma de um desenho ou diagrama. Ele republicou o desenho em sua obra *Viridorium Chyimicum*. E. J. Holmyard publicou em 1957 em sua obra *Alchemy* uma outra versão da Tábua de Esmeralda, um pouco mais longa. A tradução de um outro manuscrito foi publicada em *Alchimie mediterranéenne*, também no século XX. Mas para quem interesse em outras versões, Ruska publicou em 1926 uma obra contendo 5 versões diferentes da Tábua de Esmeralda traduzidas de manuscritos árabes. Devido a todas essas versões citadas serem praticamente desconhecidas do grande público e parecerem na realidade adições medievais árabes com forte influência alquímica e não originalmente egípcias, resolvi apresentar aqui nesta seção de outras traduções apenas as traduções feitas por personagens históricos ou autores conhecidos da versão mais conhecida da Tábua de Esmeralda, que é a que foi impressa pela primeira vez em 1541.

Tradução de Isaac Newton[63]

Há quem afirme que Newton passou mais tempo estudando alquimia do que física. Ele fez a tradução da Tábua de Esmeralda para latim em 1680, mas a manteve em segredo e nunca publicou em vida nenhum de seus trabalhos sobre alquimia. Também pediu que outros alquimistas não publicassem nada sobre o assunto porque, segundo ele, a humanidade não estava pronta e isso "causaria danos imensos ao mundo".

1. Isto é verdade sem mentira, certo e verdadeiríssimo.
2. Que o que está em baixo é como o que está em cima e o que está em cima é como o que está em baixo para fazer os milagres da coisa Única.
3. E todas as coisas foram criadas e surgiram do Um através do Um: então todas as coisas nascem desse Um por adaptação.
4. O Sol é o seu pai, a lua é a sua mãe,
5. O vento o levou em sua barriga, a terra é o seu alimento.
6. O pai de toda perfeição no mundo inteiro está aqui.
7. A sua força ou potência é inteira se ele for transformado em terra.
7a. Separe a terra do fogo, o sutil do grosso suavemente com grande habilidade.
8. Ele ascende da terra até o céu e desce de novo à terra e recebe a força das coisas superiores e inferiores.
9 e 10. Através disso você terá a glória do mundo inteiro e toda a obscuridade fugirá de você.
11. A sua força está acima de toda a força, porque ela faz desaparecer toda coisa sutil e penetra em toda coisa sólida.
12. Assim o mundo foi criado.
13. Disso existem e vêm adaptações admiráveis onde os meios (ou processo) está aqui nisso.
14. Por isso sou chamado Hermes Trismegisto, tendo as três partes da

---

[63] Traduzido do texto original.

filosofia do mundo inteiro.
15. Assim expliquei a operação do Sol, que está realizada e terminada.

Tradução de Fulcanelli

Fulcanelli foi o pseudônimo de um alquimista francês falecido em 1923 considerado um dos maiores alquimistas contemporâneos, cuja identidade ainda é polêmica, autor de *Mistério das Catedrais*, publicado em 1926 e *Mansões Filosofais*, publicado em 1930. Essas obras se propõem a decifrar o simbolismo alquímico de vários monumentos europeus. Em *Mistério das Catedrais*, Fulcanelli afirma que o primeiro agente magnético para preparar um solvente chamado Alkahest é chamado de Esmeralda dos filósofos, Vitriol ou Vitrol verde, Leão verde e Pedra Vegetal, o "embrião da pedra". Com o Leão Verde seriam realizados certos processos alquímicos para transformá-lo no Leão Vermelho, que seria o ouro hermético.

1) É verdade sem mentira, certo e certíssimo:
2) que o que está em baixo é como o que está no alto e o que está no alto é como o que está em baixo; por essas coisas são feitos os milagres da coisa única.
3) E todas as coisas são e vêm do Um, através da mediação do Um, então todas as coisas nascem nessa coisa única por adaptação.
4) O sol é o pai e a lua é a mãe.
5) O vento o transporta em sua barriga. A terra é a sua fonte de alimento e o seu receptáculo.
6 O Pai de todo Telesma do mundo universal está aqui.
6a) A sua força ou poder permanece íntegro,
7) se for convertido em terra.
7a) Separe a terra do fogo, o sutil do grosso, suavemente com grande capacidade.
8) Ele sobe da terra e desce do céu e recebe a força das coisas superiores e coisas inferiores.
9 e 10) Você terá, através dessa forma, a glória do mundo e a obscuridade fugirá de você.
11) É a força poderosa, pois ela vencerá toda coisa sutil e penetrará em toda coisa sólida

12) Dessa forma o mundo foi criado.
13) Disso nascem adaptações maravilhosas, e a forma de fazê-llo é ensinada aqui.
14) É por isso que fui chamado Hermes Tristmegistus, pois tenho as três partes da filosofia universal.
15) Isso, que eu chamei de Trabalho Solar, está concluído.

Tradução de Roger Bacon do Secretum Secretorum[64]

Na opinião do acadêmico Steven J. Williams, em seu artigo *Roger Bacon and his edition of the Pseudo-Aristotelian Secretum secretorum*), dos acadêmicos que leram o livro *Secretum Secretorum* no século XIII, nenhum deles ficou mais entusiasmado do que o frei franciscano e filósofo inglês Roger Bacon, que produziu então uma edição completa da obra, com introdução, notas etc. Alguns acadêmicos acreditam que a obra influenciou Bacon tornando-o um experimentalista. Ele escreveu vários textos sobre alquimia ao longo de sua vida.

1) Esta é a verdade e não há dúvida,
2) que o que está em baixo está para o que está no alto assim como o que está no alto está para o que está em baixo.
O trabalhador de todos os milagres é o um, o Deus único, de quem todas as operações maravilhosas vêm.
3) Então todas as coisas foram criadas da única substância, e de disposição única,
4) o pai é o sol, e a lua é mãe,
5) que fez nascer através do sopro ou ar na barriga, a terra o tirou dela,
6) Ele é o pai dos segredos, tesouro dos milagres, e fonte de virtudes.
7) De fogo é feita a terra.
7a) Separe a terra do fogo, porque o mais sutil vale mais do que o mais pesado, e as coisas finas do que as coisas grossas. Isso deve ser feito com sabeboria e com discrição.
8) Ele sobe da terra até o céu e desce do céu até a terra, e assim recebe a virtude de baixo e a de cima.
9 e 10) E se ele é o senhor em baixo e em cima, você deve adorar em baixo e em cima, o que é a luz das luzes e afasta todas as trevas.
11) A virtude do alto supera tudo, todas as coisas finas e todas as coisas densas.
12) Após a disposição disso, conclui esse trabalho.

---

[64] Traduzido do texto original, em inglês medieval

14) E por ter profetizado sobre a trindade de Deus, Hermogenes é chamado Triplex, três vezes sábio da filosofia, como Aristóteles disse.

Tradução de Madame Blavatsky

Escritora russa que escreveu textos sobre filosofia hermética, cabala, magia, alquimia, teosofia e rosacrucianismo, que viveu no século XIX e foi fundadora da Sociedade Teosófica. O texto abaixo foi traduzido de Isis Unveiled (Ísis sem véu) 1: 507.

2) O que está em baixo é como o que está acima e o que está acima é similar ao que está em baixo, para realizar as maravilhas da coisa única.
3) Como todas as coisas foram produzidas pela mediação do Ser Único, então todas as coisas foram produzidas desse Um por adaptação.
4) O seu pai é o sol, a sua mãe é a lua.
6a) Esta é a causa de toda perfeição em toda a terra.
7) O seu poder é perfeito se for transformado em terra.
7a) Separe a terra do fogo, o sutil do grosso, agindo prudentemente e com discernimento.
8) Ascenda com a máxima sagacidade da terra até o céu, desça à terra novamente e una o poder das coisas inferior e superior;
9 e 10) Assim você possuirá a luz do mundo inteiro e toda obscuridade fugirá de você.
11) Esta coisa tem mais poder do que o próprio poder, porque ela superará toda coisa sutil e penetrará em toda coisa sólida.
12) Através disso o mundo foi criado.

Comentários sobre a Tábua

de Isaac Newton, Alberto Magno etc.

As linhas dos comentários nas páginas seguintes estão baseadas nas linhas contidas na tradução do autor apresentada na seção Tábua de Esmeralda, repetida para facilitar a consulta.

1. É verdade, sem mentira, certo e verdadeiríssimo:
2. O que está em baixo corresponde ao que está em cima e o que está em cima corresponde ao que está em baixo, realizando o milagre da Unidade.
3. E todas as coisas vêm dessa Unidade, através da Unidade e todas as coisas seguem essa Unidade da mesma forma.
4. O seu Pai é o sol. A sua mãe é a lua. O vento é levado na sua barriga. A terra o nutre.
5. O pai de todos os segredos de todo o mundo está aqui.
6. A sua virtude é íntegra, se ela for transformada em terra.
7. Separe a terra do fogo, o mole do duro, suavemente com grande habilidade.
8. A terra sobe ao céu e desce novamente à terra e recebe força de cima e de baixo.
9. Assim você terá a glória de todo o mundo.
10. E todas as trevas fugirão de você.
11. Este é o maior poder de todos: pois ele supera tudo e penetra em tudo sólido.
12. Assim o mundo foi criado.
13. Disso ocorrerão coisas incríveis porque este é o modo.
14. Por isso sou chamado Hermes Trismegisto, tenho três partes da filosofia do mundo todo.
15. Assim concluo a explicação sobre a operação do Sol.

Linha 1: É verdade, sem mentira, certo e verdadeiríssimo.

Hortulano[65]: "... o Sol mais verdadeiro é uma criação da arte. E ele usa o grau superlativo porque o Sol gerado por essa arte excede o Sol natural em todas as suas propriedades, medicinais etc."

Linha 2: O que está em baixo corresponde ao que está em cima e o que está em cima corresponde ao que está em baixo, realizando o milagre da Unidade.

Pseudo-Alberto Magno[66]: Hermes diz que "as potências de todas as coisas em baixo se original das estrelas e constelações no céu".

Hortulano: "a pedra é dividida em duas partes por magestria, uma superior que sobe e em uma inferior que permanece abaixo, fixa. A parte inferior é a terra, que é chamada de alimento e a parte superior é o espírito, que levanta a pedra. Quando a separação é feita e a conjunção é celebrada, muitos milagres ocorrem".

Burckhardt[67]: "Isso se refere à dependência recíproca do ativo e passivo... a forma ativa não pode ser manifestada sem matéria passiva.. a eficácia do poder espiritual depende da preparação do recipiente humano e vice-versa.... Acima e abaixo estão assim relacionados a essa coisa única e se complementam".

Needham[68]: "a afirmação é semelhante à doutrina que o Yang gera o Yin e vice-versa ".

---

[65] Alquimista do século XIII.

[66] Frei dominicano alemão do século XIII, posteriormente bispo e santo católico. Considerado um dos maiores teólogos e filósofos alemães da Idade Média. Alguns textos sobre alquimia foram escritos por ele e outros atribuídos a ele. *Secreta Alberti* foi falsamente atribuído a ele. Textos considerados pseudo-albertinos *são: Metals and Materials; Secrets of Chemistry; Origin of Metals; Origins of Compounds, Concordance e Theatrum Chemicum*

[67] Titus Burckhardt (1908-1984) foi um historiador da arte e historiador especializado no Oriente neto de um dos maiores historiadores do século XIX. Suas obras sobre alquimia foram traduzidas em várias línguas. Sobre alquimia escreveu *Alchemie. Sinn und Weltbild* etc.

[68] Joseph Needham (1900-1995) foi um historiador inglês, conhecido por sua pesquisa com a história chinesa.

Museum Hermeticum[69]: Pelas palavras: "O que está acima é como o que está abaixo," ele descreve a Matéria de nossa arte, que apesar de ser uma, é dividida em duas coisas, a água volátil que sobe e a terra que fica em baixo, e fica fixa. Mas quando ocorre a união, o corpo se torna espírito, e o espírito se torna corpo, a terra é transmutada em água e fica volátil, a água é transmutada em corpo, e se torna fixa.

Linha 3: E todas as coisas vêm dessa Unidade, através da Unidade e todas as coisas seguem essa Unidade da mesma forma.

Hortulano: "a nossa pedra, que foi criada por Deus, nasceu de uma massa confusa, contendo nela todos os elementos e assim a nossa pedra nasceu por esse milagre único da criação".

Tritêmio[70]: "Não é verdade que todas as coisas saem de uma cisa, da bondade do Um, e que tudo que é unido à Unidade não pode ser diverso " "

Schumaker[71]: Como Deus é um, todos os objetos criados de um ser, uma matéria primordial não diferenciada.

Linha 4: O seu Pai é o sol. A sua mãe é a lua. O vento é levado na sua barriga. A terra o nutre.

Hortulano: "Assim como um animal gera naturalmente mais animais semelhantes a ele, o sol artificialmente gera o sol pelo poder da multiplicação da pedra. Nessa multiplicação artificial é necessário que o sol tenha um receptáculo adequado, consoante com ele mesmo, para o seu esperma, e essa é a lua dos filósofos".

Redgrove[72]: O sol e a lua "provavelmente significam espírito e matéria, respectivamente, não ouro e prata".

---

[69] Publicado em 1625.

[70] Johannes Trithemius (1462-1516) foi um abade beneditino alemão que estudou o ocultismo e teve como alunos Paracelso e Cornelius Agrippa.

[71] Wayne Schumaker, autor de *The Occult Sciences in the Renaissance: A Study in Intelectual Patterns*. (1972).

[72] H. Stanley Redgrove (1887-1943) foi um químico inglês que escreveu *Alchemy: Ancient and modern*.

Schumaker: "Se a lua está associada à água e o sol com fogo, a matéria-prima é entendida como tendo sido gerada pelo fogo, nascido de água, trazido do céu pelo vento e alimentado pela terra ".

Pseudo-Alberto Magno: Hermes quer dizer levitar, tornar leve o material, elevando-o às propriedades do ar. E ele diz que o vento leva o material [da pedra] na barriga porque quando o material é colocado em um alambique, ele se torna sutil por evaporação e é elevado às propriedades do ar... E a boca do alambique distila e produz um material oleoso ou líquido com todas as forças dos elementos. Nos metais, a umidade não é separada da secura, mas é dissolvida, e sendo dissolvida, se move como se fosse engolida pela Terra. E por isso Hermes disse "A mãe do metal é a Terra, que o leva em sua barriga".

Hortulano: "Está claro que o vento é o ar e o ar é vida e a vida é espírito... E assim é necessário que o vento transporte a pedra.... [Contudo] a nossa pedra sem o fermento da terra nunca existirá, pois o fermento é o alimento".

Tritêmio: "o vento transporta a sua semente na barriga dela".

Linha 5: O pai de todos os segredos[73] de todo o mundo está aqui.

Burckhardt: a palavra talismã deriva de telesma. Os talismãs trabalham correspondendo ao seu protótipo e fazendo uma "condensação", no plano sutil, de um estado espiritual. Isso explica a semelhança entre o talismã, como transportador de uma influência invisível e o exilir alquímico, como fermento da transformação metálica.

Linha 6: A sua virtude é íntegra, se é transformada em terra.

Hortulano: A pedra é perfeita e completa se é transformada em terra, isso é, se a alma da pedra for transformada em pedra.

Schumaker: se a matéria-prima for usada, ela deve ser fixada em uma substância capaz de ser manipulada.

Linha 7: Separe a terra do fogo, o mole do duro, suavemente com grande habilidade.

---

[73] Essa foi a minha tradução para telesma, mas outros autores preferem outras traduções; alguns deixam telesma.

Hortulano: "Você separa, isso é, dissolve, porque a solução é a separação das partes".

Burkhardt: "A separação significa a extração da alma do corpo".

Schumaker "Como o princípio volátil é o fogo ou às vezes ar, a estabilidade é produzida por sua remoção. Alternativamente mas menos provavelmente, a terra é impureza e um fogo purificado é o que é necessário.

Linha 8: A terra sobe ao céu e desce novamente à terra e recebe força de cima e de baixo.

Pseudo-Alberto Magno: Para ensinar as operações da alquimia, Hermes diz que a pedra sobe ao céu por calcinação. Para os alquimistas a calcinação é a redução ao material a pó queimando-o. E o material novamente desce do céu para a terra, quando ele assume as propriedades da terra por *inhumatio*, porque a inumação revive e alimenta o que foi anteriormente morto por calcinação".

Hortulano: "E agora, ele fala da multiplicação da pedra. Apesar da nossa pedra ter sido dividida na primeira operação em quatro partes, há duas partes principais. O material que ascende, não fixo, e a terra, fixa. É necessário ter uma grande quantidade dessa parte não fixa e dar à pedra, que foi feita completamente sem sujeira até que toda a pedra seja criada acima pela virtude do espírito. Depois disso, é necessário queimar a pedra, com o óleo que foi extraído na primeira operação. Esse óleo é chamado de água da pedra. Ferva por sublimação ou até que toda a pedra desça... e permaneça fixa".

Schumaker: "Separe a parte volátil da substância por vaporização, mas continue aquecendo até que o vapor se reuna com o corpo de onde saiu, então você terá obtido a pedra.

Linha 9 e 10: Assim você terá a glória de todo o mundo. E todas as trevas fugirão de você.

Bacstrom[74]: a matéria preta se torna branca e vermelha. A vermelha tendo sido levada à perfeição, é capaz de suportar a saúde física e mental completa, e fornece amplos meios, sem a diminuição de nossos recursos intermináveis, assim pode ser chamada de Glória do Mundo.

---

[74] Sigismund Bacstrom (1750-1805) foi um médico cirurgião, também autor e tradutor de textos alquímicos e rosacrucianos.

Contemplação e estudo da pedra filosofal eleva a mente a Deus. Os filósofos dizem que a pedra filosofal encontra um bom homem ou torna um. Se nós rezarmos e tivermos fé, obviamente, que todas as obscuridades desapareçem.

Burckhardt: "Assim a luz do Espírito se torna constante e a ignorância, engano, incerteza e tolice é removida da consciência".

Linha 11: Este é o maior poder de todos: pois ele supera tudo e penetra em tudo sólido.

Tritêmio: "A pedra filosofal é outro nome para a unidade e é capaz de conquistar toda coisa sutil e penetrar em toda coisa sólida. Essa virtude muito nobre consiste na máxima força, tocando em tudo com a sua excelência desejável".

Burckhardt: "A fixação alquímica é mais interior... Através de sua união com o espírito, a consciência corporal se torna um poder fino e penetrante. O corpo se torna o espírito e o espírito se torna o corpo".

Schumaker: "O produto da destilação e união dominará substâncias menos sólidas, mas por causa de sua própria sutiliza penetrará e dominará outras coisas sólidas menos puras".

Linha 12: Assim o mundo foi criado.

Burckhardt: "o pequeno mundo é criado de acordo com o protótipo do grande mundo, quando o humano percebe que a natureza original deles é a imagem de Deus".

Schumaker: "A operação alquímica é um paradigma do processo criativo".

Linha 13: Disso ocorrerão coisas incríveis porque este é o modo.

Burckhardt: "O texto em árabe diz que este modo é atravessado pelos sábios".

Linha 14: Por isso sou chamado Hermes Trismegisto, tenho três partes da filosofia do mundo todo.

Isaac Newton: "sobre essa arte, Mercúrio é chamado três vezes grande, por ter três partes da filosofia do mundo inteiro, já que ele significa o Mercúrio dos filósofos.... e domina o reino mineral, o reino vegetal e o reino animal".

Burckhardt: "As três partes da sabedoria correspondem às três grandes divisões do universo, ou seja, os reinos espiritual, psíquico e corpóreo, cujos símbolos são céu, ar e terra".

Salmon[75]: "Hermes Trismegisto significa três vezes grandes porque ele tem o conhecimento dos três princípios do universo, sal, enxofre e mercúrio, correlacionados ao corpo, alma e espírito; mineral, vegetal e animal, sobre os quais ele tem o verdadeiro conhecimento e sabe como separá-los, e uni-los novamente, e tornar o fixo volátil e vice-versa".

---

[75] *Medicina Practica*, London 1692, de William Salmon.

HERMES, OUTROS DEUSES, FILÓSOFOS, FARAÓS E IMPERADORES USADOS MAQUIAVELICAMENTE EM SINCRETISMO E FALSIFICAÇÃO NA MAIOR FRAUDE DA HISTÓRIA DO PLANETA PELO IMPÉRIO ROMANO

"No princípio, a palavra (Logos) já existia:
A palavra estava voltada para Deus, a palavra era Deus".
Evangelho de João, 1: 1

"Acreditava-se que ele tinha criado o mundo com sua palavra; e como sabemos, os estoicos identificaram Hermes com o logos."
History of Religious Ideas, vol. 2, Mircea Eliade

Para entender que Jesus Cristo foi um mito forjado pelos romanos durante o Império Romano, para tentar acabar com a religião hebraica e assim manipular os judeus e outros povos com mais facilidade, é preciso conhecer não apenas a história apresentada como verdadeira pelos religiosos, mas as histórias que correram e existiram nos primeiros séculos de existência do cristianismo, apresentadas por aqueles que não escreveram com interesse religioso. E ao conhecer histórias de outros deuses, filósofos e faraós se poderão encontrar alguns paralelos. Como se trata de um trabalho monstruoso, para reduzir tempo, pegaremos atalhos citando trabalhos frutos de pesquisas de acadêmicos e historiadores sérios imparciais que abordaram essa polêmica nas últimas décadas para apresentar o outro lado da história.

A tentativa de provar que o Jesus histórico é diferente do bíblico parece ter surgido na Alemanha. O acadêmico alemão Richard August Reitzenstein[76] (1861-1931), por exemplo, grande especialista em

---

[76] Autor de *Poimandres: Studien zur griechisch-ägyptischen und frühchristlichen Literatur* e do clássico *Die Hellenistischen*

história das religiões e tradutor de textos herméticos, reuniu uma coleção famosa de papiros gregos e egípcios. Ele fez parte de um grupo de acadêmicos que ficou conhecido por escola de história das religiões (*Die Religionsgeschichtliche Schule*), que se originou na Universidade de Göttingen, cuja principal preocupação era esclarecer as origens do cristianismo e suas relações com outras crenças religiosas antigas, como os chamados cultos de mistério. Reitzenstein encontrou elementos em diversas outras crenças que poderiam ter influenciado o cristianismo por sincretismo e afirmou em sua obra que o hermetismo influenciou fortemente o cristianismo. Vários elementos foram citados por ele, como o conceito de Logos (palavra) presente no Evangelho de João e no Corpus Hermeticum, a luz associada ao renascimento, o progresso conseguido através de mudanças internas, o que em Hermes é chamado hoje de alquimia interior, o que difere dos cultos de mistério da antiguidade, que acreditavam muito na questão do ritual como forma de avanço espiritual, de acordo com alguns especialistas. Além disso, o hermetismo está relacionado ao gnosticismo e, na antiguidade, circulavam vários textos cristãos gnósticos. Os autores Freke e Gandy afirmam que "a influência do hermetismo no cristianismo primitivo está fora de dúvida. Em 1945, textos atribuídos a Hermes foram descobertos entre manuscritos pertencentes a cristãos gnósticos dos primeiros séculos. De acordo com uma nota em um dos textos, as comunidades cristãs possuíam muitas cópias dos trabalhos de Hermes"[77].

Entre as possíveis semelhanças entre Hermes e Cristo, resumidamente poderia ser citadas rapidamente o homem-deus, o enviado que desce dos céus e que ascende ao céu, o sábio que ensina aos humanos, a trindade que pode ter sido sincretizada de Trismegisto três vezes mestre, e até mesmo o Hermes grego protetor dos ladrões pode ser encontrado no Cristo crucificado entre dois ladrões quando ele Cristo diz que um deles irá ao Paraíso. Por possuir a gnose secreta, Hermes é também vencedor sobre as trevas, assim como Jesus venceu o demônio. Latâncio, um dos primeiros cristãos, se refere a Hermes como "nosso deus pai". Alguns autores afirmam que a maioria das

---

Mysterienreligionen.
[77] Freke e Gandy. *The Hermetica*. Piatkus Books, 1997

referências a Hermes que os primeiros cristãos fizeram foram removidas ao longo dos primeiros séculos do cristianismo. Em um artigo científico[78], Paul Carus escreve que "as ideias de Cristo e cristianismo existiam antes de Jesus e o cristianismo da Igreja foi apenas uma forma de cristianismo entre muitas outras; e que muitos outros cristianismos existiram é evidente do fato de várias concepções de Cristos que foram oferecidas em livros canônicos e apócrifos, sem mencionar os inúmeros redentores e salvadores pagãos, deuses como Hermes Trismegisto, Hércules, Asclépio, Mitra etc. e homens como Apolônio de Tiana".

A ATRIBUIÇÃO DE PROFECIAS E MILAGRES EM MANUSCRITOS MEDIEVAIS

Conforme me aprofundei em minha pesquisa sobre profecias, há cerca de duas décadas, no final do século XX, visitei bibliotecas europeias em busca de manuscritos em latim. Certo dia, na Biblioteca da Ajuda em Portugal, encontrei dois manuscritos em latim com uma profecia atribuída a um santo católico conhecido[79] cujo título era idêntico, contendo "revelações" que começavam de forma idêntica, mas ao longo do texto iam diferindo até se tornarem algo altamente diferentes, ou seja, os manuscritos com a mesma profecia feita pelo mesmo santo que deveriam ser idênticos eram muito diferentes. Eram apenas duas folhas. Uma folha continha uma profecia e a outra, com o mesmo título e atribuição, continha um conteúdo inicialmente semelhante, porém no geral muito diferente, com inclusão de frases, mudanças ao longo do texto e um final bem mais extenso. O que mais me surpreendia é que o texto era extremamente pequeno, para haver um considerável número de discrepâncias. Nem mesmo era preciso saber latim para copiar um texto curto assim com precisão. Por mais que eu tentasse encontrar uma outra razão, era totalmente óbvio para mim que houve uma intenção clara de um dos copistas de mudar a

---

[78] Carus, Paul. Pagan Elements of Christianity; and the Significance of Jesus. *The Monist*. Vol. 12, No. 3 (April, 1902), pp. 416-425 (10 pages). Oxford University Press

[79] São Francisco Xavier

profecia. Algo parecido ocorreu com os milhares de manuscritos do Novo Testamento copiados desde a Antiguidade e ao longo da Idade Média, conforme explica o professor da Universidade da Carolina do Norte e especialista em estudos religiosos Bart Ehrman em seu livro *Lost Christianities*[80]: "o fato de termos milhares de manuscritos do Novo Testamento não significa que podemos ter certeza que conhecemos o que o texto original dizia... Como podemos saber se o texto não mudou muito antes que começasse a ser copiado em grande quantidade?.... Sabemos que eles mudaram porque podemos comparar essas 5.400 cópias (em grego) umas com as outras. O que é impressionante é que não encontraremos duas cópias (exceto os pequenos fragmentos) usando as mesmas palavras. Só pode existir uma razão para isso. Os copistas que copiaram os textos os mudaram... Muitas mudanças são devidas à falta de cuidado... Outras mudanças parecem ter sido feitas intencionalmente."

Com o tempo e mais leitura e cursos sobre manuscritos medievais, antigos ou até mesmo mais recentes, entendi que há séculos, nem sempre era essencial para um copista ter exatidão ao copiar um manuscrito. Copiar um manuscrito poderia ser comparado em certos casos a, vamos um imaginar, um pintor copiando outra pintura, ou seja, cada pintor faria de um jeito diferente e daria o seu toque pessoal. Apesar de ser algo muitas vezes reprovado, o copista adicionava ou omitia palavras ou, quem sabe, em alguns casos, "embelezava" um texto manuscrito. Assim como uma pessoa pode contar uma história diferente oralmente, contava-se na forma escrita a história diferentemente da história recebida. Por essa razão, para alguns manuscritos de profecias copiados dezenas ou, como os mais divulgados da Idade Média, centenas de vezes, existem famílias, onde cada família tem uma quantidade de manuscritos iguais ou bem parecidos. Mas as famílias podem diferir muito entre elas.

Ao longo dos anos, percebi também que muitas profecias eram falsamente atribuídas a santos, bispos, frades ou a outros religiosos medievais. A questão da atribuição de uma profecia medieval faz

---

[80] Ehrman, Bart. *Lost Christianities*. Nova Iorque: Oxford University Press, 2003. pp.219-220.

refletir. Atribuir uma profecia a um camponês desconhecido não deveria ser tão glamoroso nem dar tanto retorno em termos de aceitação como atribuir a um bispo ou santo conhecido que viveu há alguns séculos. Isso foi feito inúmeras vezes ao longo da história e continua sendo feito ainda hoje. Outro caso que poderia ser rapidamente mencionado é o de Mother Shipton, a maior profetiza da Inglaterra e uma das maiores da história do nosso planeta. Apesar de tanta grandiosidade, ela nunca profetizou nada e provavelmente nem mesmo existiu. Ela teria sido criada por razões políticas e, até alguns anos, o suposto local de nascimento da lendária profetiza, uma caverna no estilo da suposta caverna do nascimento de Jesus, era o segundo ponto turístico mais visitado na Inglaterra pelos ingleses. Uma espécie de Jerusalém para os cristãos do mundo inteiro. Mas, em um determinado momento, por volta dos anos 1600, surgiram livros atribuindo profecias a ela e a crença na sábia profetiza bruxa cresceu. O que estou afirmando em termos de profecias tem muito a ver com a atribuição de milagres e, inclusive, como pretendo demonstrar, nos contidos nos Evangelhos que contam a vida de Jesus Cristo.

Marc Bloch, renomado historiador ensinado nas Universidades de História, especialista em Idade Média, resume com sabedoria a questão da autenticidade dos documentos medievais manuscritos em seu livro Apologia da História:

"Há muito tempo atrás, já era aconselhado não aceitar cegamente todos os testemunhos históricos. Uma experiência quase tão antiga quanto a humanidade nos ensinou: os textos podem ter uma origem diferente da que lhes é atribuída, nem todos os relatos são verdadeiros e os traços materiais também podem ser manipulados. Na Idade Média, diante da grande abundância de falsificações, a incerteza era muitas vezes usada como defesa: 'com a tinta, qualquer pessoa pode escrever qualquer coisa', exclamou um fidalgo da Lorena no século XI, diante de monges que apresentavam provas documentais contra ele em um processo. A doação de Constantino - elucubração surpreendente que um clérigo romano do século VIII atribuiu ao primeiro imperador cristão - foi contestada no séquito do devoto imperador Otto III três séculos depois. As falsas relíquias foram perseguidas, praticamente, desde o seu surgimento. No entanto, o ceticismo, a princípio, não é uma atitude intelectual mais valiosa ou mais fértil do que a credulidade, que se combina facilmente com as mentes de pessoas simples."

Poderíamos resumir, então, a questão da autenticidade de textos manuscritos (medievais e antigos) nas seguintes palavras:

Não é possível assegurar absolutamente nada com o manuscrito. No passado, qualquer um podia escrever qualquer coisa e atribuir a qualquer pessoa que tinha vivido décadas ou séculos antes. E fizeram isso ao longo da história várias vezes. Não existia forma de identificar a antiguidade ou a autenticidade de um documento. E se isso ocorreu muito na Idade Média, devemos assumir que é razoável pensar que ocorreu na Antiguidade. A invenção do livro impresso reduziu as possibilidades de falsificação e falsas atribuições, pois os acadêmicos passaram a exigir a referência anterior sobre uma afirmação considerada absurda ou "inovadora" demais.

Aos santos e aos religiosos, além de profecias falsas, na Idade Média, foram atribuídos milagres fantásticos. Acadêmicos reconhecem que a atribuição de milagres a santos é parte fundamental da hagiografia Ocidental e Oriental. O livro Legenda Aurea, ou Lenda Dourada, um dos principais best-sellers medievais, escrito pelo bispo italiano Voragine por volta de 1270, contém alguns milagres de santos tão mirabolantes, poder-se-ia dizer, que são mais impressionantes do que os atribuídos a Jesus na Antiguidade. De acordo com o autor da Legenda Aurea, o conhecido São Francisco de Assis, por exemplo, transformava água em um vinho que curava doentes milagrosamente, superando o mestre, já que o vinho produzido pelo Filho de Deus a pedido de Maria para animar uma festa não tinha poder de cura. Se Jesus tivesse tido essa ideia fantástica, não teria sido preciso ficar vagando três anos curando uns e outros, poderia ter curado todos na porta de sua casa, algo que certamente um Filho de Deus poderia ter pensado. A francesa Santa Aldegunda, que viveu no século VII, quando uma vela caiu e apagou, a reacendeu do nada, "como Deus faria" diz o livro. São Dinis de Paris, mártir do século III, foi posto sobre a fogueira para ser queimado vivo, mas nada aconteceu. Depois foi entregue a animais ferozes, mas os animais perderam o apetite na hora do lanche. Foi crucificado, atormentado, chicoteado, mas nada funcionava. Finalmente, então, decidiram decepar a sua cabeça com um machado como solução. Após o golpe fatal, a cabeça caiu rolando para um lado e o corpo caiu para o outro. A satisfação dos assassinos foi breve. Após um momento, o corpo se levanta, vai em direção à cabeça, se abaixa, a pega, mete sob um braço e, no melhor estilo do lendário cavaleiro sem cabeça com Johnny Depp, sai caminhando por cerca de três quilômetros pelo vilarejo carregando a cabeça diante de várias testemunhas. Santa Brígida de Kildare, Irlanda, que faleceu no século VI, não apreciava tanto o vinho, mas adorava uma cervejinha gelada e não pouco. Ela tinha o hábito de se divertir tomando banho e transformava a sua banheira cheia de água em uma banheira cheia de cerveja. Para que só um copo se pode fazer à vontade? Enquanto uns preferiam vinho, outros cerveja, São Nicolau, nascido em Patras no século III, recusava o leite matinal às quartas e sextas-feiras, por serem dias de jejum canônico... na hora de mamar. Precocemente sabido o moleque, porém tímido, não queria ficar pelado, então pegou suas roupas e se vestiu enquanto o banhavam, no dia em que nasceu. E muitos outros milagres risíveis foram atribuídos a santos ao longo da história, como milagres de cura ou voar para assistir um evento com melhor visibilidade do alto quando há muita gente incomodando na frente ou crescer imediatamente até atingir uma altura de dez metros se transformando em uma ponte humana, para que as pessoas possam passar de um lado do precipício para o outro e, imediatamente depois, voltar à altura anterior sem tirar nem por um centímetro. Mas não são somente os santos medievais e antigos que foram milagrosos. Se formos ver o que o povo atribuiu a Padre Cícero, por exemplo, no nordeste, encontraremos profecias e milagres também risíveis em alguns casos. Isso também ocorreu, em menor escala, com Antônio Conselheiro no nordeste no século XIX, como se vê na primeira referência sobre Antônio Conselheiro como indivíduo místico, publicada no jornal O Rabudo, em Sergipe, em 22 de novembro de 1874:

> A bons seis meses que por todo o centro desta e da Província da Bahia chegado; (diz elle) do Ceará infesta um aventureiro santarrão que se appellida por Antonio dos Mares: o que, avista dos apparentes e mentirosos

milagres que dizem ter elle feito tem dado lugar a que o povo o trate por S. Antonio dos Mares.[81]

A atribuição de milagres e da santidade, no caso de Conselheiro, começou já durante a vida dele. Há relatos de pessoas que se ajoelhavam diante dele acreditando que ele fosse o filho de Deus. Ele era santo, milagreiro e o filho de Deus. Se atribuições assim foram feitas há pouco mais de cem anos no sertão do nordeste brasileiro, em uma região isolada, com um nível de analfabetismo semelhante ao nível de analfabetismo dos primeiros cristãos e, além disso, se profecias e milagres falsos foram livremente atribuídos a santos na Idade Média de forma abrangente, para conversão de fieis analfabetos que tinham maior facilidade para acreditar em histórias absurdas que ouviam, podemos concluir: não há razão para não crer que milagres e profecias também tenham sido atribuídos falsamente na Antiguidade, em uma época quando havia ainda menos policiamento sobre essas questões e toda a literatura era controlada pelo Império Romano.

Durante o Império Romano, ao escrever um documento, se usaria um papiro ou uma tabuleta (ou tábua). Usava-se também, em menor escala, contudo, o pergaminho e pedaços de cerâmica (óstraco). O papel já havia sido inventado pelos chineses por volta do ano 100, mas como outras invenções chinesas da Antiguidade e Idade Média, somente séculos depois chegou à Europa, chegando no início da Idade Média ao Oriente Médio e por volta do ano 1100 à Europa. O material mais comum usado para escrita grega e latina na época que chegou até nós foi o papiro. Forjar algo na Antiguidade e afirmar que era mais antigo era muito fácil, porque não era possível verificar a real data do documento e havia pouco conhecimento para se fazer qualquer tipo de verificação.

Mas o que tudo isso pode ter a ver com o hermetismo e a origem do cristianismo? O que vou tentar mostrar é que o cristianismo pode não ter sido algo realmente autêntico. E ao longo dos séculos, copiou e

---

[81] LEVINE, Robert M. *"Mud-Hut Jerusalem": Canudos Revisited.* The Hispanic American Historical Review, vol. 68, no. 3 (aug. 1988), pp. 532-533

adaptou crenças existentes de várias fontes, inclusive de Hermes, no que talvez tenha sido o maior sincretismo ou falsificação na história do planeta. Para mostrar uma possível relação entre Hermes ou qualquer outro deus e Cristo, deve-se tentar fazer um trabalho de engenharia reversa, "desmontando o cristianismo", identificando de onde cada passagem da suposta vida de Jesus deve ter sido "inspirada" ou copiada que, obviamente, não é tarefa simples.

A ATRIBUIÇÃO DOS EVANGELHOS AOS DISCÍPULOS DE CRISTO

Assim como se atribuíam profecias e milagres em manuscritos não autênticos na Idade Média, houve várias atribuições do mesmo gênero na Idade Antiga. Elas não deixam os Evangelhos bíblicos de fora. Em relação aos Evangelhos, Exceto o de Marcos, que foi escrito em latim, os evangelhos foram escritos em grego antigo conhecido como grego koiné, a língua franca usada na parte oriental do Império Romano na época. Cristo e os doze discípulos falavam aramaico e, muito provavelmente, como tudo parece indicar, inclusive relatos de época, eram analfabetos, como a grande maioria da população naquele local na época, 97% ou 98%, portanto é possível que nenhum dos discípulos de Cristo, se existiram, escrevesse em aramaico, muito menos em outra língua como grego ou latim. Essa contradição é um bom ponto de partida para suspeitarmos dos Evangelhos, alguém poderia afirmar que Marcos, Mateus, João e Lucas aprenderam grego ou latim depois de adultos. Isso seria possível, mas não poderíamos, por outro lado, desconsiderar que os evangelhos são extremamente bem redigidos e não parecem ter sido escritos por um analfabeto que aprendeu a escrever aos cinquenta anos, que normalmente seria extremamente limitado em sua língua e incapaz de escrever um lindo texto como um dos evangelhos bíblicos.[82]

---

[82] Isso ocorreu, por exemplo, com o ex-escravo M. Gardo Baquaqua, quando escreveu a única biografia existente de um ex-escravo que foi escravo no Brasil, onde viveu por dois anos, mas fugiu em uma viagem de navio para os Estados Unidos. Baquaqua, quase analfabeto, havia estudado um pouco na África pois era de família muçulmana e, depois da fuga, estudou em universidade americana,

Os Evangelhos são muito bem redigidos. É um altamente provável que quem escreveu os Evangelhos tenha passado a vida lendo e escrevendo textos e sabia redigir bem. Era provavelmente um escritor profissional.

Mas se há suspeita que os discípulos poderiam ser analfabetos, podemos acabar com a suspeita: o Atos dos Apóstolos, no capítulo 4, confirma que João e Pedro eram analfabetos atribuindo-lhes a palavra em grego agrammatoi (ἀγράμματοί), que significa "sem escola". Portanto, não resta dúvida: João não poderia ter escrito nem aquele nem nenhum evangelho nem o livro do Apocalipse que, diga-se de passagem, tem estilo de escrita diferente do Evangelho a ele atribuído, o que poderia indicar que não foram escritos pela mesma pessoa.

Os acadêmicos concordam atualmente que, originalmente, os evangelhos não continham os nomes dos seus autores, ou seja, foram escritos no anonimato. Acredita-se que os nomes dos discípulos foram atribuídos aos evangelhos pela primeira vez por Irineu, por volta dos anos 180-190, em seus textos, portanto, quase dois séculos depois de Cristo ter sido supostamente crucificado. Em relação à data quando foram redigidos, os especialistas Cohen e Ehrman concordam que o mais antigo dos Evangelhos, o de Marcos, foi escrito por volta do ano 70, apesar de alguns outros afirmarem 75 ou 80; os evangelhos de Mateus e Lucas foram escritos entre 80 e 85 e o evangelho atribuído a João por volta do ano 100, mas há discordância especialmente em relação ao de João e outros especialistas afirmam que o evangelho atribuído a João foi escrito entre 95 e 130. Apesar disso, a *Catholic Encyclopedia* afirma que a opinião acadêmica é que os evangelhos "não são do primeiro século da era cristã". (Farley ed. Vol vi., p.137, pp-655-6).

---

onde aprendeu a escrever o básico na língua inglesa, como se lê nas cartas que ele escreveu, mas mesmo já tendo estudado um pouco na África, tendo estudado em universidade americana e vivendo anos em países de língua inglesa, só conseguiu escrever a sua biografia pagando um escritor americano para escrevê-la, porque ele não tinha condições linguísticas e gramaticais para escrever bem, como se percebe de suas cartas. E no livro da biografia de Baquaqua, a questão é transparente, já que várias vezes, o escritor (Samuel Moore) indica que é ele que está escrevendo, não Baquaqua.

EVANGELHO DE MARCOS: ESCRITO EM LATIM

No século XIX, mas com mais intensidade no século XX, iniciou-se uma busca acadêmica pelo Jesus histórico, ou seja, o Jesus que realmente existiu. Devido a essa busca, alguns trabalhos acadêmicos publicados desde o início do século XX mostram que o Evangelho de Marcos, o mais antigo dos evangelhos, sobre o qual os outros poderiam ter se baseado, principalmente Mateus e Lucas, foi originalmente escrito em latim. Um desses trabalhos é o artigo científico escrito pelo Dr. Paul-Louis Couchoud (1879-1959) em *Revue de l'Histoire des Religions* em 1926. O Dr. Couchoud via no manuscrito *Codex Bobiensis* em latim um fragmento do original. Um estudo paleográfico da escritura desse manuscrito determinou que ele é uma cópia de um papiro do século II. Portanto, talvez seja o mais antigo que tenha sobrevivido. O artigo científico *Was the Gospel of Mark Written in Latin?* de F. C. Burkitt publicado no *The Journal of Theological Studies* em 1928 também analisou a questão da língua original do evangelho e concordava com a possibilidade do Evangelho de Marcos ter sido escrito originalmente em latim.

Um outro trabalho impressionante é o do Professor de grego de Rhodes University, David Bruce Gain. Em 40 anos de pesquisa, ele compilou dezenas de indicações para provar que o texto conhecido como Evangelho de Marcos foi escrito originalmente em latim:

Uma delas está em Marcos 2:3. O texto em latim é: "et uenerunt ad illum afferentes paralyticum in grabatto". O final "to" de grabatto foi omitido na tradução do latim para grego por alguma razão. Os manuscritos não tinham espaço na época separando as palavras e o tradutor para grego entendeu essa palavra como "ingrabat", que se tornou "iugerebant", ou seja, o texto grego diz que quatro (pessoas) estavam transportando o paralítico, enquanto que o texto em latim afirma que ele foi transportado em um leito, sem mencionar quatro pessoas. E, de fato, logo em seguida, no versículo 9, o texto bíblico é: "levanta, pega o seu leito e anda". Percebe-se que a palavra leito do versículo 9 seria a mesma do versículo 3, mas no versículo 3 foi traduzida incorretamente para grego e por isso aparece somente no versículo 9.

Couchoud e Gain mencionam Marcos 4:21 dizendo que o texto em latim é "acender uma candeia" e não "levar (ou ir) uma candeia" como está nos manuscritos gregos. Para Couchoud, a razão é que o tradutor grego traduziu como accedit (é levado) e não accenditur (é aceso). A tradução do grego fica estranha, assim: "vem porventura uma candeia para se colocar debaixo do alqueire ou debaixo da cama?" enquanto a tradução correta seria "acende-se porventura uma candeia para se colocar..."

O Professor David Gain mostra que em 7:4, o texto em latim diz "lavar copos, jarras, peças de bronze e peças de âmbar". Peças de âmbar eram peças de uma liga metálica na cor de âmbar. O texto em grego traduziu essa palavra como "camas" (lectorum, em latim) e não "peças de âmbar" (electrorum, em latim). Então a tradução do grego presente em muitas bíblias que traduziram Marcos do grego ficou assim: "E muitas outras coisas há que receberam para observar, como lavar os copos, e os jarros, e os vasos de metal e as camas". Lavar utensílios usados em cozinha e camas.

Em 9:6, em latim, David Gain mostra que o texto é "non enin sciebat quid responderet; in metu enim fuerat". A tradução seria "ele não sabia o que responder, pois estava com medo". O tradutor grego entendeu fuerant (no plural) no lugar de fuerat (no singular) e a tradução ficou: "ele não sabia o que responder, pois estavam com medo". O correto seria no singular, pois quem estava com medo nesta passagem era somente uma pessoa, Pedro, a quem a parte inicial se refere.

Essas são apenas algumas das várias indicações que o Evangelho de Marcos foi escrito originalmente em latim e, posteriormente, traduzido para grego. Além disso, R. H. Grundy, em seu *Mark, a commentary on his apology for the cross*, 1993, pp-1043-1045 apresenta uma grande lista de latinismos incluídos nas traduções em grego.

Uma importante diferença entre o manuscrito mais antigo do Evangelho em latim e os manuscritos gregos é o que o manuscrito em latim não continha a ascensão de Cristo. O evangelho em latim antigo termina no versículo 16:8. Os acadêmicos concordam que a ascensão é uma inclusão tardia. Além disso, no início do texto conhecido como Evangelho de Marcos, em 1:1, "filho de Deus" parece ser também uma inserção tardia, pois aparece em alguns manuscritos, não em todos. De fato, algumas crenças cristãs primitivas não consideravam Jesus o "Filho de Deus". Essas crenças foram suprimidas porque foram consideradas hereges.

As citações ao texto de Marcos são raras nos dois primeiros séculos. Couchoud diz que Clemente de Alexandria (150-215) faz referências a passagens do Evangelho de Marcos, mas essas referências são aos textos em latim e essas passagens não são encontradas nos manuscritos em grego. Em um caso, X, 25, Couchoud diz que "Clemente cita quatro vezes esta passagem... é impressionante, ele cita a mesma passagem quatro vezes de forma diferente! E as quatro vezes estão em desacordo com os manuscritos gregos". Além da ausência de uniformidade, isso também mostra que os primeiros textos surgiram em latim. Couchoud afirma que em uma passagem, Irineu, cerca de vinte anos antes, também se refere a um Marcos em latim.[83]

No início da Vulgata siríaca, conhecida como Peschitta ou Peschito, se lê que o Evangelho de Marcos, o mais antigo de todos os evangelhos, foi escrito em latim em Roma. Couchoud afirmava que a origem latina desse livro era admitida pela maior parte dos especialistas e que em "no início de muitos manuscritos dos evangelhos se encontra o aviso que o Evangelho de Marcos foi escrito em latim". Ele diz que Efrém da Síria no século IV afirmava que Marcos tinha sido escrito em latim. Uma explicação tradicional dada por Jerônimo é que Marcos (analfabeto) escreveu o Evangelho em Roma em latim e depois foi para o Egito, onde ele teria sido traduzido em grego, mas atualmente sabe-se que Marcos não escreveu este evangelho (e provavelmente nunca escreveu nada em latim).

---

[83] Uma observação a respeito das línguas latim e grego em relação a Jesus: Se Jesus conversou com Pilatos e com o centurião de Cafarnaum, deveria saber falar grego ou latim. Se era analfabeto, como se supõe, já que os artesãos e carpinteiros eram analfabetos (e mesmo que fosse alfabetizado como 2% da região na época) como poderia ter conversado em grego ou latim?

Para concluir que o Evangelho de Marcos foi originalmente escrito em latim, Couchoud levou em consideração os textos do Evangelho de Marcos em latim mais antigos que se conhecem que são o Codex Bobiensis, cujo copista era um "ignorante" segundo Couchoud, já que em todas as linhas há erros absurdos, com troca frequente de palavras, e Codex Palatinus, ambos "grosseiros e incompletos" segundo Couchoud e as formas mais antigas do grego conhecidas (Codex Vaticanus, Bezae e Washington), todos escritos entre os séculos IV e VI. Couchoud também afirmou que "os textos fornecidos nesses três manuscritos (em grego) apresentam divergências muito mais numerosas e acentuadas do que nos outros evangelhos. Eles parecem como derivados de versões gregas independentes, mais ou menos corrigidas uma sobre a outra".[84]

Sabendo que o manuscrito foi escrito originalmente em latim, alguém poderia se perguntar se o Evangelho de Marcos não poderia ter sido escrito na Palestina em latim. Provavelmente não. A primeira escola de latim no Oriente surgiu no século III, em Beirute, atual Líbano. Posteriormente, entre os séculos III e V, surgiram escolas que ensinavam latim em Gaza, Constantinopla, Alexandria e Antióquia. Mas não há registro de sobre existência de escolas que ensinavam latim no Oriente antes do século III, portanto se quase ninguém falava latim ali nessa época, por que um documento que teria nascido entre pessoas que falavam aramaico teria sido escrito em uma língua que quase ninguém falava? Seria ilógico acreditar que alguém escreveria um documento religioso no Oriente em latim, o documento só teria sido escrito em latim se precisasse ser comunicado com os militares romanos presentes no Oriente. De fato, os fragmentos de textos em latim encontrados no Oriente comprovam a relação com os militares.[85]

ELEMENTOS EGÍPCIOS NO EVANGELHO DE JOÃO

"Eu sou o caminho, a verdade e a vida".

---

[84] Couchoud em seu artigo "L'Evangile de Marc a-t-il été écrit en latin?".

[85] Fonte: curso sobre latim em papiros na Universidade Federica, na Itália.

Evangelho de João, 14: 6.
De acordo com Tom Harpur[86], sacerdote católico e especialista em grego antigo e o egiptólogo G. Massey, esse provérbio estava inscrito em pedra com os hieróglifos do antigo Egito séculos antes de Jesus.

Nenhum outro Evangelho foi tão influenciado por crenças egípcias como o Evangelho atribuído a João. Diferente do verdadeiro João, analfabeto, como o próprio Atos dos Apóstolos afirma em seu capítulo 4, a pessoa que escreveu o Evangelho atribuído a João foi provavelmente uma pessoa culta muito bem versado nos ensinamentos religiosos egípcios. E ali encontrou uma fonte onde bebeu abundantemente para compor o texto que ficou conhecido como Evangelho de João. Há várias semelhanças pontuais entre Hermes, Hórus, Osíris, o lendário faraó Thoulis etc. e Jesus Cristo. No Evangelho atribuído a João, Jesus diz que é o pão da vida, a luz do mundo, a porta das ovelhas, o bom pastor, a ressurreição e a vida. No antigo Egito, Hórus era o pão da vida (e o trigo divino de onde o pão da vida era feito), o filho do homem, a palavra da verdade, o ungido, o bom pastor, a porta de entrada em Amenta, a ressurreição e a vida, o caminho e o Senhor da luz[87]. De acordo com G. Massey, há muitas outras semelhanças entre Hórus e Cristo: Hórus nasceu dia 25 de dezembro, era filho de uma virgem, seu nascimento foi anunciado por uma estrela, foi batizado aos 30 anos por Anup, que foi decapitado, tinha doze companheiros, fez milagres, exorcizou demônios e ressuscitou Osíris, andou sobre as águas e foi crucificado entre dois ladrões. Para João, Deus é a palavra, mas antes disso, para outros, Hermes, o deus da eloquência, era a palavra. E a Hermes já tinha sido atribuída a criação do mundo através da palavra. A trindade pode ter sido um mero reflexo do deus Hermes (o egípcio Thoth, na realidade) três em um. Em um estudo de religiões comparadas, poderia se tentar

---

[86] Autor de *O Cristo dos Pagãos*. São Paulo: Pensamento, 2004 e *Water into Wine*. Thomas Allen Publishers, 2008

[87] A maioria citada pelo egiptólogo Massey, Gerald em alguns capítulos de *Ancient Egypt – Light of the World*. Vol. 2. North Charleston, Jazzybee que apresenta várias semelhanças entre os livros bíblicos atribuídos a João e crenças egípcias.

encontrar uma possibilidade razoável de crenças herméticas e outras crenças antigas terem influenciado as origens do cristianismo, já que alguns acadêmicos acreditam que o cristianismo foi influenciado por outras crenças através do sincretismo.

SÃO JERÔNIMO E AS VARIAÇÕES NOS EVANGELHOS

Ao ser convocado para preparar a Bíblia oficial dos católicos, no século IV, que ficou conhecida como Vulgata, a versão válida da Igreja cristão ocidental até o século XVI, São Jerônimo precisou dar um "toque" especial ao Novo Testamento. As suas palavras no prefácio dos quatro Evangelhos, escritas na forma de uma carta dirigida ao Papa Dâmaso I no ano 383, explicam melhor:

"Você me exorta a revisar a antiga versão latina, como que para julgar as cópias das escrituras que agora estão espalhadas pelo mundo inteiro. Na medida em que elas diferem entre elas, você quer que eu decida quais concordam com o original. (...) Haverá algum homem, culto ou não, que não irá romper imediatamente com linguajar violento e me chamar de falsificador e pessoa profana por ter a audácia de adicionar alguma coisa aos livros antigos ou por fazer mudanças ou correções neles, ao pegar um volume em suas mãos e perceber que o que ele lê não está de acordo com o seu saber (do cristianismo)? (...) Pois existem quase tantas formas de texto como cópias."

O SINCRETISMO ANTIGO NA CONSTRUÇÃO DE CRISTO

O acadêmico Mircea Eliade, em seu Tratado de História das Religiões, afirmou: "as divindades soteriológicas partilham os sofrimentos desta humanidade, morrem e ressuscitam para resgatá-la... há uma importância concedida ao filho do deus celeste (Dionísio, Osíris, Alein etc.). Na maior parte das vezes, o filho reclama sua paternidade celeste". Sobre o antigo Egito, Mircea Eliade explica: "as crenças egípcias mais antigas sobre a existência após a morte parecem com as duas tradições que são amplamente documentadas no mundo inteiro: o lugar de habitação dos mortos era sob a terra ou no céu – mais precisamente, entre as estrelas. Após a morte, as almas iam para as estrelas e ali viviam eternamente"[88]. Na Antiguidade, durante séculos, o espírito do sincretismo predominou. Além de Hermes que, como foi visto várias vezes, foi associado a Thoth e Mercúrio, vários deuses de várias regiões foram combinados em um deus. Além disso, histórias atribuídas a certos deuses eram tomadas emprestadas e várias crenças sofreram influência de outras. Encontraremos um pouco de Jesus em Rômulo, fundador de Roma? O historiador romano Lívio conta em História de Roma que o lendário Rômulo, que teria fundado Roma cerca de 700 anos antes de Jesus, foi um deus filho do deus Marte e de uma virgem. Apesar de ser filho de um deus e de origem nobre, a vida jovem de Rômulo foi entre "as pessoas pobres e humildes, ignorantes de sua identidade"[89], como Jesus. Rômulo matou seu irmão Remo na fundação da cidade[90], também filho de um deus e, portanto, está presente aí também a questão do sacrifício do filho de um deus para que os habitantes (de Roma) possam ser felizes. No fim da vida de Rômulo, o seu corpo desapareceu[91] e, por isso, o povo passou a acreditar que ele tinha ascendido aos céus. Encontraremos Maria no antigo culto à deusa Cibele, a mãe dos deuses, culto que os romanos adotaram por volta do século I? No mesmo culto, havia o beber o sangue do boi que dava a vida eterna ao sacerdote eunuco que o bebia, o boi estando sobre uma trama (cruzada) de madeira onde era assassinado por uma lança romana, tendo Cristo sido assassinado por

---

[88] Eliade, Mircea. *A History of Religious Ideas*. vol 1. Chicago: The University of Chicago Press, 1978. p.94

[89] Eliade, Mircea. *A History of Religious Ideas*. vol 2. Chicago: The University of Chicago Press, 1978. p. 108

[90] Roma teria sido fundada no ano 747 a. C., de acordo com o historiador Fabius Pictor.

[91] Assim como o cadáver de Rômulo desapareceu, no Evangelho de Marcos mais antigo, originalmente não houve ascensão de Cristo, mas o corpo não era encontrado, este evangelho terminava em 16:8. Na antiguidade, as pessoas acreditavam que quando um corpo morto desaparecia, estava implícito que o indivíduo tinha se tornado um deus imortal. A lenda conta que o filósofo Empedocles se lançou no vulcão Etna na Sicília para que o seu cadáver não fosse encontrado e assim pensassem que tinha se tornado um deus imortal, o que mostra que essa crença era bem divulgada.

uma lança romana (o cordeiro imolado) quando estava na cruz? Encontraremos elementos da história do Cristo bíblico em vários deuses da antiguidade. De Osíris[92] e Dionísio, podem ter sido tirados a ressurreição, a data do nascimento de Jesus, o milagre da transformação da água em vinho[93], o uso de mirra e linho no cadáver, os doze discípulos, ser filho de virgem[94], a associação à cruz[95] etc. A trindade, a descida de deus à terra, sua ascensão e o homem deus, o batismo[96] e o renascimento associado à luz podem ser encontrados em Hermes Trismegisto. E o mitraísmo dos persas, que os romanos também adotaram do século I ao IV, nada acrescentou ao cristianismo, até que ele se tornasse uma religião favorecida no século IV por Constantino? O próprio Tertuliano no século II-III, prolífico escritor cristão, afirmou que a abstinência sexual foi um dos hábitos do mitraísmo imitado pelo cristianismo. C. Matthews e P. Nabarz no livro *The Mysteries of Mithras: The Pagan Belief that Shaped the Christian World*, contam que no desenvolvimento do mitraísmo romano, que iniciou por volta do ano 100 a. C. e que se diferencia do Mitra indo-europeu original, o nascimento de Mitra romano passa a ser no ano 272 a. C.

---

[92] A versão mais completa de Osíris é mencionada por Plutarco: *De Iside et Osiride*, mas há divergências em histórias de muitos deuses, de acordo com Mircea Eliade, devido a sincretismos.

[93] O milagre é relatado por Diodoro (antes de Cristo) em Biblioteca da História, 3.66.3.

[94] Dionísio era filho de Zeus e Sêmele, que teria sido impregnada por Zeus miraculosamente, em um de suas muitas origens. Na história do romano Caio Júlio Higino, os pais de Dionísio eram outros (Júpiter e Proserpina), mas o nascimento também aqui era de uma virgem.

[95] Há um sarcófago aproximadamente do ano 190 com uma imagem em relevo mostrando o bebê Dionísio nos braços da mãe e um homem velho se aproximando com uma cruz grande, que segundo C. Kerenyi, é uma profecia de seu destino: a morte suspenso em uma cruz (ou, em outros casos, em uma árvore). A cruz também era carregada em Atenas durante um festival de três dias que celebrava a morte e a ressurreição de Dionísio.

[96] De acordo com Mircea Eliade, o mito do batismo em um *krater* indica familiaridade com os rituais dos mistérios. De acordo com *Corpus Hermeticum*, no início dos tempos, Deus encheu um *krater* com *nous*; e os que nele se submergiam se tornavam "homens perfeitos".

entre os dias 24 e 25 de dezembro, de uma Virgem imaculada. Mitra teria vivido 64 anos asceta e ao falecer ascendeu para o seu pai, Ahura Mazda, no ano 208 a.C. O mitraísmo romano transformou Mitra em um Salvador, que salva o povo através do derramamento do sangue eterno. Se ele fez essa transformação no mitraísmo, por que não pode ter feito também no cristianismo? Após uma ceia sagrada de despedida, Mitra ascendeu ao céu para assumir o seu papel de governador do universo. Os adoradores de Mitra eram batizados, viam o vinho como sangue de sacrifício, consideravam o domingo sagrado e dividiam o pão marcado com uma cruz, que se tornou símbolo do cristianismo. Matthews e Nabarz afirmam em seu livro: "Todos os estudantes de religiões iranianas estão familiarizados com a história de virgens que se banhavam no lago Hamum, onde a semente de Zoroastro está preservada para engravidar a virgem escolhida, para que ela dê vida ao salvador esperado", um modelo no qual o nascimento de Jesus parece ser "inspirado". Outro culto importante que entrou na antiga Roma a partir do século I a. C. foi o da deusa Ísis, que aparece pintada carregando a cruz egípcia e ajudava os mortos após a morte. Acadêmicos acreditam que a adoração de Ísis pode ter influenciado crenças cristãs na veneração a Maria. Um hino de Ísis, afirma: "Eu sou Ísis, senhora de todas as terras, e fui ensinada por Hermes e com Hermes criei a escrita, tanto a hieroglífica como a demótica, para que todo poder possa ser escrito com letras diferentes". Havia uma estreita ligação entre Ísis e Hermes nesses anos, quando o culto de Ísis estava presente em Roma. Associada ao culto de Ísis, é digno de nota mencionar a tabuleta Bembina de Ísis, de bronze, comprovadamente forjada pelos romanos no século I a.C., imitando o estilo dos egípcios, o que não parece sugerir somente um amor dos romanos por deuses estrangeiros, mas também uma certa queda para a falsificação de documentos religiosos sobre os deuses estrangeiros. Thoth (Hermes) também era considerado senhor do tempo e estava associado a uma vida futura, o que pode ter alguma relação com o paraíso cristão. É Thoth que avalia a vida e o coração dos indivíduos no pós-morte para decidir sobre a revitalização da alma através de sua mágica para trazer os mortos de volta à vida no mundo espiritual dos deuses, o equivalente ao paraíso. Em relação à purificação através do batismo na água, também pode ter vindo do Egito. No antigo Egito, na noite de 5 de janeiro, rezava-se se pedia a Osíris o perdão dos pecados e dia 6 de janeiro os egípcios iam no rio Nilo beber a água milagrosamente purificadora. Na noite de 5 de janeiro, Dionísio, deus do vinho, transformava água em vinho para o dia 6. Asclépio, cujo símbolo semelhante ao caduceu de Hermes continua sendo usado pela medicina, inclusive pela Organização Mundial de Saúde, amava os homens e, por isso, curava doentes e ressuscitava mortos. Muitas das inscrições de Asclépio foram copiadas pelos primeiros cristãos. Estátuas de Asclépio serviram como modelos para imagens de Jesus nos séculos IV e V. A história bíblica de Jesus é fruto do sincretismo de todos os principais deuses antigos do Ocidente e do Oriente, com os quais os romanos tiveram contato.

O dia 25 de dezembro passou a ser considerado o dia do nascimento de Cristo no ano 350. Antes disso ele era um dia especial na Antiguidade, assim como foi 6 de janeiro, dia dos Reis, já que vários homens-deuses antigos antes de Jesus nasceram dia 25 de dezembro: Hermes, Adonis, Tammuz, Dionísio, Prometeus, Zoroastro, Mitra, Khrisna, Átis, Héracles, Osíris, Hórus etc. muitas vezes filhos de mães virgens, com a parte masculina divina. O estábulo associado ao local de nascimento do homem deus salvador pode ter sido copiado de Hórus, filho da deusa virgem Ísis, que era comumente representado em um estábulo.

Há um consenso que os textos herméticos foram atribuídos a Hermes. Hermes foi chamado de Deus, mas também de rei, mágico, escriba dos deuses, patrono dos sacerdotes, profeta etc. tendo recebido vários outros títulos e atributos, como Jesus foi curador, milagreiro, profeta, rei dos judeus, filho de Deus, Deus etc.

Em O Antigo Egito, as Raízes do Cristianismo, o autor Moustafa Gadalla lembra a afirmação de E. A. Wallis em seu livro The Gods of the Egyptians, 1969: "a nova religião (cristianismo) que foi pregada por São Marcos e seus seguidores imediatos, em todos os aspectos essenciais, lembrava muito aquela que resultou da adoração de Osíris, Ísis e Hórus". Ele também cita que Gerald Massey, "depois de estudar as semelhanças entre a alegoria de Osíris/Ísis/Hórus e a história do Evangelho, concluiu em seu livro *Ancient Egypt* que a revelação cristã é egípcia na origem." E afirma que Gerald Massey[97] rastreou quase 200 casos de correspondência imediata entre material egípcio alegórico e os escritos cristãos alegadamente históricos sobre Jesus.[98]

Na Antiguidade, não era raro atribuir a divindade a homens ou mulheres ou considerar uma pessoa filho de um deus, como aconteceu com Alexandre Magno, que era considerado Filho do deus maior dos gregos, Zeus, e confirmou a sua ascendência divina da qual suspeitava ao se consultar no oráculo de Siwa, no Egito, como relatou o historiador Plutarco. Dion, governador de Siracusa no século IV a.C., foi endeusado em vida.

O endeusamento ocorreu também com vários imperadores romanos. Em um artigo na publicação científica *The Biblical World*, publicada pela University of Chicago Press, em 1912, *The Worship of the Roman Emperors*, o Professor Henry Fairfield Burton mostrava que a crença do endeusamento dos imperadores romanos veio de outras nações, principalmente da Grécia (Alexandre Magno), Esparta (Licurgo e Lisandro), do Egito (faraós) e do Oriente, conforme as forças romanas se expandiam. As mesmas honras divinas passaram a ser transferidas para os pró-cônsules conforme o império se expandia.

Bem antes do império romano, os heróis da lendária história de Roma, Rômulo, Latinus e Aeneas, foram considerados de descendência divina e considerados deuses. Júlio César foi o primeiro imperador romano a ser endeusado. Mas foi o assassinato de Júlio César que o transformou em um verdadeiro deus pelo povo. O historiador Suetônio conta que as pessoas comuns estavam convencidas de sua divindade. Otaviano Augusto, filho adotado de César, foi o segundo imperador a ser endeusado. Enquanto Augusto era um título do imperador Otaviano que significava sagrado ou venerável, nas moedas e documentos da época, ele usava o título "Divi Filius", ou seja, filho de deus. Isso ocorreu antes de Cristo ser

---

[97] G. Massey lia hieróglifos e estudou durante toda a sua vida inúmeros registros egípcios guardados no Museu Britânico.

[98] Gadalla, Moustafa. *O Antigo Egito. As Raízes do Cristianismo*. Greensboro: Fundação de Pesquisa Tehuti, 2018

considerado filho de Deus, já que Otaviano Augusto foi imperador até o ano 14. Augusto recusou todos os milagres atribuídos a ele, assim como grande parte da atribuição de divindade. Outro culto importante para os romanos na época foi da Dea Roma, que na época de Augusto era o culto mais popular. O decrépito imperador pedófilo Tibério (do ano 16 a 37), que tinha o título Divi Augustus filius Augustus, o imperador de todas as depravações Calígula (do ano 37 ao 41) e o imperador empalador de cristãos Nero (ano 54 ao ano 68) foram todos endeusados durante a vida pelo povo romano (mas não confirmados como deuses pelo Senado em uma votação conhecida como apoteose). Com algumas poucas exceções, durante cerca de 500 anos, todos os imperadores desde Júlio César até o fim do Império romano no século V foram consagrados (consecratio) com a apoteose e endeusados após a morte pelo Senado romano. O culto imperial alcançou o seu ápice de popularidade no século II, e gradualmente perdeu sua importância, até que no século IV foi secularizado, apesar do costume romano de se ajoelhar diante do imperador ou de sua estátua ter sido mantido por alguns séculos. Da mesma forma, muitas antigas dinastias patrícias romanas tinham suas raízes nos mitológicos deuses romanos. O filósofo grego Evêmero, que viveu nos séculos III e IV a. C. foi o primeiro a afirmar que os deuses antigos foram, na realidade, reis, legisladores, escritores e inventores que foram endeusados através de apoteose após a morte.

Há textos que mencionam a ascensão de Hermes, que ele foi Deus, que foi homem, e o seu apelido é três vezes mestre, do primeiro Hermes que era deus, do segundo Hermes que era deus e do terceiro Hermes que era homem. Não se vê nada de Hermes na trindade? Freke e Gandy afirmam em seu livro que "o lendário sábio egípcio Hermes Trismegistus" ensinava que havia um único deus para os antigos que acreditavam em vários deuses.[99] Nos mistérios gregos de Hierofantes, há imagens mostrando Hermes usando uma vara conduzindo a alma dos mortos à vida espiritual após o fim da vida física. As imagens mais antigas de Jesus nas catacumbas também mostravam Jesus segurando uma vara para fazer seus milagres. Jesus era Hermes?

---

[99] Freke e Gandy. *The Hermetica*. Piatkus Books, 1997

Quando os evangelhos do Novo Testamento trazem a boa nova que praticar violência é incorreto, não apenas matar, na verdade, na verdade, eu vos digo: não estão trazendo nada de novo. Em nos antigos cultos de mistério, que eram sociedades secretas, para ser admitido, era necessário que o homem iniciado não tivesse derramado sangue de outra pessoa. A virgindade de Maria e o celibato dos padres católicos também não foram novidade. A virgindade sempre esteve associada à pureza em Roma. O sacerdote eunuco do culto à deusa Cibele mostra isso, assim como a deusa virgem Vesta que era chamada de Mãe, cujas sacerdotisas virgens estiveram presentes no Império Romano por cerca de mil anos. A virgindade era tão importante para os romanos que uma sacerdotisa seria levada à fogueira para ser queimada viva se a perdesse. Enfim, alguns dos ensinamentos cristãos podem ter sido copiados, adaptados ou sincretizados de outras crenças ou sociedades secretas da Antiguidade.

Os milagres atribuídos a Jesus e sua história também não são novidade e provavelmente nem são seus ensinamentos conhecidos como Boa Nova. Mas os milagres da vida de Jesus não foram copiados apenas de outros deuses, foram tirados de milagres atribuídos a filósofos gregos. Cerca de meio milênio antes de Jesus, acreditava-se que Pitágoras era filho de Apolo e uma mulher chamada Partenis e era capaz de ressuscitar mortos e tinha feito vários milagres de cura perambulando de cidade em cidade. Apolônio, em *Mirabilia*[100] cap. 6, conta: "inicialmente Pitágoras se dedicou à matemática e aos números, depois começou a fazer milagres, como Ferécides de Siro tinha feito". Uma das testemunhas dos milagres de Pitágoras teria sido ninguém menos que Aristóteles. Certo dia Pitágoras acalmou as águas dos mares para o benefício de seus discípulos e outro dia indicou o local certo de uma grande pescaria para os seus discípulos, como Jesus. Na pescaria milagrosa bíblica de Jesus, foram pegos 153 peixes. Apesar de nenhum número ser mencionado na pescaria de Pitágoras, os matemáticos pitagóricos consideravam 153 um número sagrado. Podemos supor que a pescaria milagrosa de Jesus foi inspirada na pesca pitagórica. O filósofo Empedocles, assim como Jesus, também ressuscitou uma

---

[100] *Historiae Mirabiles*(Histórias maravilhosas), uma compilação de obras atribuídas a autores anteriores, como Aristóteles, Teofrasto etc.

mulher morta há 30 dias, porém 500 anos antes[101]. Em relação a Platão, também se acreditava que era filho de Apolo. A traição por 30 moedas de prata parece ter sido tirada de uma história lendária de Sócrates, que conta que quando alguns de seus discípulos ofereceram pagar 30 moedas de prata em nome de Sócrates, para salvar Sócrates de um decreto de morte imposto, isso foi visto como traição por ele, pois Sócrates desejava manter-se fiel aos seus princípios e não pagar seus perseguidores. Mas Sócrates não tinha medo de morrer, porque tinha sido revelado a ele em um sonho que ele renasceria três dias após a sua morte. O Professor Bart Ehrman em seu livro How Jesus Became God, conta que os eventos naturais associados à morte de Jesus podem ter sido sincretizados do filósofo grego Peregrino, que se apresentava como o Deus Proteus em carne e osso. Em sua morte, ele ascendeu aos céus transformado em um pássaro, quando "ocorreu um grande terremoto, acompanhado por um barulho vindo de dentro da terra, e então um urubu, voando saindo de dentro das chamas, subiu aos céus, dizendo, como um humano, com uma voz alta: "meus dias na Terra acabaram, para Olimpo, eu vou".[102] E encontraríamos semelhanças em eventos da história bíblica de Jesus com muitos outros sábios filósofos gregos na Antiguidade que tinham o poder de curar milagrosamente, conheciam o futuro, controlavam a natureza etc. A legião de 2000 demônios expulsos por Jesus e lançados aos porcos que se lançam no precipício? Sinto muito, amantes de filmes de exorcismo, mas a passagem foi copiada de um ritual de purificação dos mistérios de Eleusis, quando 2000 iniciados se banhavam no mar com porcos. O jumento, animal que transportou Jesus em sua entrada triunfal em Jerusalém, aparecia frequentemente montado sob o cabeludo e barbudo Dionísio, que também apresentava uma religião nova (a boa nova) em várias imagens antigas.

---

[101] Acredita-se que a origem deste "milagre" atribuído se encontre na preservação de um cadáver por semanas após a morte, ou seja, Empedocles, teve conhecimento de uma técnica de embalsamar. Amplia-se aqui e muda-se ali e temos o milagre de ressurreição de Cristo. Pode-se desconfiar que o milagre foi copiado pela mesma duração de dias até o morto ser ressuscitado.

[102] Ehrman, Bart. How Jesus Became God. Nova Iorque: HarperCollins, 2015 p. 36-37

Em nenhuma comparação da história de Jesus com outro indivíduo da Antiguidade se pode deixar de mencionar o filósofo grego Apolônio de Tiana. Os seguidores de Apolônio acreditavam que ele era imortal. Filóstrato foi um devoto de Apolônio, que pesquisou a sua vida e escreveu oito volumes por volta do ano 200 a pedido da Imperatriz romana Julia Domna[103], imperatriz entre 193 e 211, filha de uma família síria-árabe de sacerdotes da divindade Elagabalus, que decidiu popularizá-lo (talvez a pedido de seu marido, o imperador Septímio Severo) em Roma, porque o Império precisava de uma religião que convertesse pessoas revoltadas em cordeiros mansos. Em troca de pagamento em ouro, Filóstrato conversou com pessoas que foram testemunhas oculares de Apolônio para escrever sua obra que contava a vida milagrosa de Apolônio. Como Jesus, Apolônio foi um sábio e curador e tinha sido enviado por Deus. Milagres foram atribuídos a Apolônio. Quando sua mãe estava grávida, ela teve uma visão de uma divindade, o deus egípcio Proteu, conhecido por sua grande sabedoria. Quando perguntou quem seria o seu filho, o deus respondeu: "eu serei seu filho". Os seguidores de Apolônio afirmavam que Jesus tinha sido um charlatão e fraudulento. Sosiano Hiérocles, afirmou que as doutrinas e a vida de Apolônio, nascido por volta do ano 15 e falecido por volta do ano 100, eram mais valiosas do que as de Jesus, um ponto de vista sustentado séculos mais tarde por Voltaire. Latâncio menciona um crítico do cristianismo que afirmava que Jesus foi crucificado porque reuniu um bando de 900 bandidos. Essa pessoa foi supostamente o mesmo Sosiano Hiérocles, líder político que certamente teve acesso a essa informação nos registros do Império Romano. E se foi assim, essa teria sido a verdadeira história de Jesus: um revolucionário político que liderou centenas de pessoas em uma revolta armada contra os romanos e foi assassinado. No ano 303, Sosiano Hiérocles escreveu que Apolônio excedia Jesus em milagres e que os biógrafos instruídos de Apolônio eram mais dignos de confiança dos que os de Jesus, os quais eram analfabetos. E por volta

---

[103] É fundamental entender o interesse do império na religião "apaziguadora de ânimos exaltados" e perceber a criação um texto que fundamentava uma nova religião ter sido escrito a pedido de uma imperatriz por volta do ano 200. O mesmo não poderia ter ocorrido poucos anos depois com os livros que contam a história de Cristo?

do ano 300, os próprios romanos usaram Apolônio para expulsar os cristãos de Roma. O que ocorreu nas primeiras décadas do século IV que fez com que o cristianismo fosse adotado como religião de estado? Jesus era judeu e serviria para acalmar melhor os judeus do que um filho de deus grego? Alguma outra imperatriz pediu para se redigir a vida de Jesus para popularizá-lo em Roma como foi feito com a vida de Apolônio de Tiana? Ou o próprio Constantino fez esse pedido a Eusébio, seu protegido? Sabe-se que textos cristãos já tinham sido forjados em Roma antes do ano 100. Poderia se criar uma história extremamente bem montada que não poderia ser criticada a pedido do Império Romano, como foi feito com a tabuleta de Bembina e outros textos religiosos? Ao longo do século IV, o Império Romano ordenou a criação de documentos para oficializar e sustentar a crença adotada pelos seus líderes? Uma crença seguida pelos senadores e pelo Imperador que pudesse obrigar a todos os povos dominados a nova espécie de submissão? A submissão pela alma?

Sosiano Hiérocles escreveu que Pedro, Paulo e outros inventaram histórias sobre Jesus. Ele também escreveu: "as histórias sobre Apolônio foram escritas por autores altamente instruídos, que foram testemunhas oculares, não por camponeses". A crítica de Eusébio e de outros cristãos era que os milagres de Apolônio e de outros deuses eram obra do demônio. Somente os milagres de Cristo eram divinos. Mesmo que os milagres fossem os mesmos.

Há relatos de deuses que se tornaram temporariamente humanos, como Jesus ou Hermes. O poeta romano Ovídio, em sua obra Metamorfoses, que contava mitos alguns dos quais de metamorfoses de deuses em pessoas, relatou: "os deuses Júpiter e Mercúrio (o Hermes na mitologia romana) viajam pela localidade disfarçados de mortais. Apesar de irem a mil casas, não conseguem achar ninguém que os acolha para dar uma refeição e permitir que descansem. Por fim, vão parar no casebre de Filêmon e Báucis. O casal de idosos dá as boas-vindas aos visitantes, os convidam para entrar em sua pobre morada, preparam a melhor refeição que podem e banham seus pés cansados com água morna[104]. Como retribuição, os deuses agradecidos

---

[104] O episódio conhecido como unção em Betânia é contado na Bíblia sem

certificam-se de que a taça de vinho jamais fique vazia: por mais que eles bebam, ela permanece cheia". Parece ser daí que é copiado a unção dos pés e o milagre do vinho de Jesus, o primeiro milagre, feito a pedido de sua mãe, quando ele transforma o vinho da água, depois que o vinho acaba em uma festa. Será que encontraremos todos os milagres de Cristo na literatura mitológica antiga? Provavelmente não, porque temos que lembrar que muito foi destruído pelos próprios imperadores romanos e pelos cristãos. A grande maioria dos milagres de Jesus são milagres de cura, talvez cerca de 90% deles. A questão dos diversos milagres de cura, presentes nos Evangelhos, poderia ter relação com o fato que, no mundo antigo, muitas culturas construíram templos dedicados aos seus deuses curadores, principalmente no Egito e na Grécia. Alguns deuses antigos tinham o poder da cura e isso ocorria através de rituais, do jejum e da purificação, muitas vezes através da bebida de águas ricas em minérios. Deuses como Imhotep (ou Imotepe) no Egito e Asclépio na Grécia, tinham o poder de cura. A Asclépio foram atribuídos inúmeros milagres de cura e o caduceu de Asclépio é hoje símbolo da medicina e da Organização Mundial de Saúde.

O FLORESCIMENTO DOS MILAGRES NO INÍCIO DA ERA CRISTÃ

Vamos tentar entender o desenvolvimento do cristianismo nos primeiros anos. O cristianismo se expandiu pelo Mediterrâneo após a morte de Jesus. Há um período inicial de tradição oral quando os primeiros seguidores de Cristo, judeus muito provavelmente analfabetos, tentavam converter oralmente outras pessoas, em uma época que era comum e fácil acreditar em deuses, milagres, filhos de deuses na terra etc. Essa tradição oral cristã prevaleceu entre o período da morte de Jesus e os anos até quando o primeiro dos Evangelhos foi

---

concordância. Lucas narra que Jesus é convidado para jantar na casa de um fariseu e ali uma mulher lava os seus pés com lágrimas. Na narração de João, o fato acontece na casa de Lázaro, em Betânia, quando uma mulher pega um perfume e unge os pés de Jesus.

escrito, por volta do ano 70. Durante cerca de 40 anos, pessoas analfabetas que tinham ouvido uma história sobre o Filho de Deus contaram e recontaram histórias sobre o filho de Deus. Durante essas décadas, será que não adicionavam nenhuma mentira, nenhuma história fantástica, nenhum milagre, não distorciam nada, mesmo sem ter ninguém para controlar o que falavam ao tentar converter outras pessoas à nova seita? Se os cristãos deixaram um rastro de mentiras por escrito ao longo de toda a Idade Média através da atribuição de falsos milagres e profecias, teriam sido fiéis aos acontecimentos na Antiguidade oralmente, sem atribuir nenhum milagre a Jesus?

Sosiano Hiérocles, que não era analfabeto, foi aristocrata romano culto e vicarius (uma espécie de chefe de estado durante o Império Romano) da Síria, Palestina e Egito por volta do ano 300. Ele escreveu um livro chamado "Amante da Verdade" que foi, provavelmente, destruído pelo Imperador Constantino ou outro imperador após do Império passar a favorecer o cristianismo[105] no século IV, mas algumas palavras foram preservadas por Eusébio ao criticá-lo. Sosiano Hiérocles responde à pergunta que fiz com as seguintes palavras:

"Na ansiedade de exaltar Jesus, eles (os cristãos) vão em vários lugares afirmando que ele fez os cegos enxergarem e alguns outros milagres do tipo... Durante o reino de Nero floresceram pessoas assim... que faziam qualquer tipo de milagre, os quais vou omitir um grande número e mencionar apenas alguns..."

Então, esse homem culto que, por ser líder do império romano, deve ter tido acesso a informações do governo romano sobre Jesus, escreveu que Jesus foi apenas um dos vários homens aos quais milagres foram atribuídos durante os anos de Nero. Se ele afirmou isso, provavelmente era porque essa afirmação constava no governo romano. Essas palavras de Sosiano Hiérocles mostram que era um hábito da época atribuir milagres, assim como era acreditar em homens deuses, filhos de deuses etc. O filósofo Porfírio, líder da escola síria

---

[105] O imperador Constantino passou a favorecer a religião cristã, por interesses políticos, mas foi Teodósio I quem, anos depois, tornou o cristianismo religião de Estado do Império Romano.

neoplatonista, também escreveu contra o cristianismo, no total de quinze volumes (chamados *Adversus Christianos*), que foram banidos pelo Imperador Constantino quando o cristianismo passou a ser favorecido pelo Império Romano e posteriormente queimados por Teodósio II em 435 e em 448, quando o cristianismo passou a ser a religião do Estado. Tudo o que restou de seus comentários são refutações cristãs feitas por cerca de trinta cristãos importantes da época, principalmente Jerônimo, o tradutor da Vulgata, o que demonstra que a vasta obra de Porfírio teve grande importância na época, mas na visão dos imperadores que sustentavam o cristianismo, as informações contidas nessa obra mereciam ser proibidas e por isso ela foi banida e queimada. Por que essa obra precisou ser queimada se os Evangelhos continham a verdade? Ou será que essa obra continha verdades que revelavam que os Evangelhos eram uma farsa?

Em relação à história dos documentos que fazem parte do Novo Testamento, há um período que é chave. Sabe-se que o cristianismo começou a ser forjado no século I, devido à redação de textos falsos como, por exemplo, O Pastor de Hermas, escrito em Roma, que foi considerado autêntico durante alguns séculos. Mas algo ocorreu nos séculos III, IV e V, principalmente ao longo do IV, que criou as bases do cristianismo em termos escritos, com Eusébio, Jerônimo e outros, e eliminou discrepâncias ou desconfianças com a queima de arquivos, como a de Teodósio II, unificando fatos sobre a vida de Cristo para que pudessem parecer uma verdade mais sólida. Não há nenhum evangelho completo anterior ao final do século III. Os manuscritos completos anteriores ao fim do século III poderiam ter sido perdidos sim, mas poderiam ter sido deliberadamente destruídos se outros, diferentes, com maior "poder de conversão", tivessem sido forjados no século IV a pedido do Império Romano, quando o Império Romano adotou o cristianismo como religião de estado. Um ano importante para o nascimento do cristianismo é 325, ano do Primeiro Concílio de Niceia. Ali se reuniram os principais líderes cristãos da época, cerca de 300 bispos, com o objetivo de unificar uma crença e seus ensinamentos. No Concílio estavam o Imperador Constantino, que o presidiu, e Eusébio, à sua direita.

O TESTIMONIUM FLAVIANUM: FORJADO

Para entender o desenvolvimento do cristianismo é essencial entender o que foi escrito sobre Jesus por Flávio Josefo. Trata-se de uma das menções mais importantes e antigas sobre Jesus, sem ser religiosa, do ponto de vista de um pesquisador ou historiador. O livro de Flávio Josefo faz duas menções a Jesus, sendo uma considerada forjada e a outra considerada autêntica. Na passagem considerada autêntica, é mencionado um irmão de Jesus que parece ter tido mais importância que Jesus. Mas é a outra passagem, que não é considerada autêntica, que é extremamente interessante. Essa passagem ficou conhecida como *Testimonium Flavianum*. Ela não é considerada autêntica pela maior parte dos acadêmicos recentes porque tudo indica que foi inserida tardiamente por um copista, como se verá em mais detalhes. A obra *Antiguidades dos Judeus*, escrita pelo judeu Yosef ben Matityahu, que adotou posteriormente o nome latino Flavius Josephus, foi originalmente escrita em 93 e 94, mas o manuscrito original foi perdido e não sobrou nada anterior ao século XI. O *Testimonium Flavianum*, originalmente escrito em grego, se encontra no livro 18, capítulo 3:

"Nesta época, viveu Jesus, um homem sábio, se for certo chamá-lo de homem. Pois ele foi um fazedor de feitos surpreendentes e foi um professor dessas pessoas que aceitaram a verdade com felicidade. Ele convenceu muitos gregos e muitos judeus. Ele era o Messias. E quando recebeu a acusação dos principais homens entre nós, Pilatos o condenou a uma cruz. Os que o amavam no início não deixaram de amá-lo. Ele apareceu para eles durante três dias estando vivo, pois os profetas de Deus tinham previsto essas coisas e milhares de outras maravilhas sobre ele. E a tribo dos cristãos, assim chamada com base nele, não desapareceu ainda neste dia."

As primeiras linhas, talvez até "ele era o Messias" poderiam se aplicar a qualquer homem considerado sábio, inclusive Hermes Trismegisto. Mas há algumas razões para se duvidar da autenticidade dessa passagem e elas são as seguintes:

A primeira referência considerada segura a essa passagem foi feita por Eusébio de Cesareia, no século IV. Essa passagem não é mencionada por nenhum dos outros doze escritores cristãos importantes que viveram antes de Eusébio, mesmo por cristãos que mencionaram Flávio Josefo, como Orígenes; nenhuma delas faz referência ao *Testimonium*. É como se o *Testimonium* não existisse antes de Eusébio. E como nunca foi mencionado antes, os acadêmicos desconfiam que essa passagem não existisse antes de Eusébio.

O *Testimonium Flavianum* usa a palavra grega *poietes* com o significado de *fazedor* em fazedor de feitos surpreendentes. O fato é que em toda a sua ampla obra de vários volumes Flávio Josefo usou a mesma palavra significando apenas poeta e nunca fazedor de milagres, exceto nessa ocasião. Isso fez muitos acadêmicos suspeitarem que o *Testimonium* não foi escrito por Flávio Josefo, pois a forma escrita não está de acordo com o vocabulário usado pelo autor autêntico. Por outro lado, Eusébio sempre usou essa palavra com o sentido de *fazedor* em seus textos. Por essa razão, alguns acadêmicos acreditam que o próprio Eusébio forjou essa passagem, o que não seria difícil de crer, já que será mostrado que muitos primeiros cristãos forjavam textos e que os próprios cristãos da época escreveram que era válido forjar se os fins justificassem os meios.

Os trechos "fazedor de feitos surpreendentes", "tribo dos cristãos", e "ainda neste dia" não aparecem em nenhum lugar na literatura grega, exceto nos escritos de Eusébio, de acordo com o professor Bart Ehrman. Por essa razão, penso que qualquer pessoa honesta com um pouco de bom senso concluirá que Eusébio forjou esta passagem. Por essas três razões, a maior parte dos acadêmicos imparciais acredita que o *Testimonium Flavianum* foi forjado por Eusébio no século IV. Se foi necessário forjar essa passagem, concordaremos que outros textos relativos a Cristo podem ter sido alterados.

O outro trecho que menciona Jesus na obra de Flávio Josefo, que é considerado autêntico, se encontra no livro 20, capítulo 9:

"então ele reuniu o sanhedrin dos juízes e levou diante deles o irmão de Jesus que era chamado de Messias, cujo nome era Tiago e alguns outros e, quando os acusaram de terem violado a lei, os entregaram para serem apedrejados."

T. Freke e P. Gandy em seu livro[106] *The Jesus Mysteries* afirmam que Eusébio foi contratado pelo imperador Constantino no início do século IV para compor versões dos Evangelhos uniformes suprimindo as inúmeras variantes. Os autores afirmam que Eusébio reuniu histórias de lendas, de falsificações e de sua própria imaginação para compor as histórias que contam a vida de Cristo que existem ainda hoje. Todas as outras histórias de Cristo foram consideradas heréticas e erradicadas. Décadas mais tarde, apoiado pelo Império Romano e a pedido do Papa Damasus que "estava tão preocupado sobre as diferenças nos manuscritos em latim que comissionou Jerônimo para produzir uma tradução padronizada, que teve que comparar numerosas cópias do texto, em grego e latim"[107], tendo se baseado certamente em textos compilados por Eusébio e teria, novamente, feito ajustes pois as discrepâncias sempre existiram. O imperador Constantino, que matou a esposa sufocada e assassinou o filho, supostamente se converteu ao cristianismo após ver o sinal da cruz em chamas no céu com o texto *In Hoc Signo Vinces*, de acordo com o biógrafo de Constantino. Não surpreende se soubermos que o biógrafo de Constantino e inventor dessa milagrosa aparição celeste e conversão é o mesmo Eusébio. Por tudo isso Eusébio é visto por acadêmicos como um escritor não confiável. Os Evangelhos também poderiam ter sido manipulados por Orígenes (185-253), prolífico escritor cristão, que foi convidado pela mãe do Imperador Séptimio Alexandre para ensiná-la sua filosofia cristã, mas ele próprio afirmou que havia um grande número de diferenças entre os manuscritos dos evangelhos.

---

[106] Freke e Gandy. *The Jesus Mysteries. Was the original Jesus a pagan God?* Nova Iorque: Harmony Books, 1999 (Obs: a capa deste livro mostra uma imagem supostamente do século III a.C. com deus Dionísio crucificado, mas esta peça é falsa, foi falsificada na Itália, e a falsificação foi confirmada por especialistas no passado)

[107] Erhman, Bart. *Misquoting Jesus*. p.10

Valliant e Fahy, que pesquisaram mais de trinta anos para produzir o seu livro *Creating Christ*[108], explicam como os cristãos, no século IV, modificaram o texto de escritores anteriores, incluindo o livro do historiador Flávio Josefo, para tornar os textos mais "adequados" à conversão e ao monopólio cristão.

Supondo que essa passagem tenha sido realmente forjada por Eusébio, por que razão teria sido preciso forjá-la se Jesus realmente tivesse feito todos aqueles milagres e tivesse sido o Filho de Deus? Se textos foram forjados, isso faz suspeitar que o Jesus bíblico não existiu. Jesus existiu, isso é um fato histórico.

Deve ficar bem claro que os cristãos tinham um interesse especial em alterar a obra de Flávio Josefo, porque ele era judeu. Em 1906, A. Berendts publicou um artigo científico[109] onde apresentava ao mundo oito passagens sobre Jesus e João Batista que se encontram em uma tradução para russo antigo da *Guerra dos Judeus* de Josefo que não aparecem no texto grego dessa obra. Dessas oito, há duas sobre Jesus, e uma delas é o *Testemunho Flaviano*, inserido também nesta obra, todas consideradas interpolações cristãs, ou seja, não há nenhuma autêntica.

TEXTOS FORJADOS PELO IMPÉRIO ROMANO E PELOS CRISTÃOS

Sosiano Hiérocles afirmou que os cristãos inventaram parte das histórias sobre Jesus. Ao mesmo tempo, o historiador cristão Eusébio, autor da História do Cristianismo, em dez volumes, não pode ser considerado um historiador sério. Se alguém acreditar nas coisas que ele escreveu, como a cruz que Constantino viu no céu e outros milagres que ele relata em sua obra, precisará acreditar em tudo que ele escreveu, como por exemplo: "os corpos dos mártires que tinham sido devorados por animais, depois de os animais terem sido mortos, foram

---

[108] Valliant e Fahy. *Creating Christ: How Roman Emperors Invented Christianity.*

[109] Berendts, A. Die Zeugnisse vom Christentum in slavischen "De Bello Judaico" des Josephus em O. v. Gebhardt e A. Harnack. Texte und Untersuchungen. N. F. XIV, 4 Leipzig, J. C. Hinrichs, 1906.

encontrados vivos em seus estômagos, mesmo após totalmente digeridos"[110]. O renomado historiador britânico Edward Gibbon em seu livro sobre o império romano diz que "o próprio Eusébio confessa indiretamente que incluiu histórias para dar crédito à glória do cristianismo e removeu tudo o que tenderia a dar um peso negativo ao cristianismo".[111] Em relação às epístolas de Paulo, que muitos consideram um dos principais divulgadores do cristianismo dos primeiros anos, de acordo com a Encyclopedia Biblica, obra publicada em 1899 com artigos dos principais acadêmicos da época do mundo ocidental, nenhuma delas foi escrita por Paulo. (*Encyclopedia Biblica* III pp. 3625-3626). Grande parte dos principais acadêmicos atuais afirma que sete cartas ou epístolas foram escritas por ele, mas as outras são de origem duvidosa ou não foram. Como foi dito antes, o próprio Atos dos Apóstolos informa que Pedro e João eram analfabetos. Quem escreveu os evangelhos é algo que provavelmente nunca será descoberto, sabemos apenas quem não escreveu.

O filósofo grego Celso, no século II, por volta do ano 175, também confirma a teoria de manipulação de textos manuscritos do cristianismo na antiguidade. Ele escreveu que "alguns fiéis, como pessoas embriagadas que se agridem mutuamente, manipularam o texto original dos evangelhos três ou quatro vezes, ou até mais, e alteraram para poderem opor negações às críticas"[112]. Por volta do ano 180, o cristão grego Irineu decidiu favorecer quatro evangelhos os atribuindo aos próprios discípulos de Jesus - e ignorar inúmeros outros. Orígenes, um sacerdote da Igreja, por volta do ano 220, comentou sobre os Evangelhos que tinha ao seu dispor: "as diferenças entre os manuscritos se tornaram gigantes, ou por negligência de alguns copistas ou pela audácia perversa de outros; ou eles descuidam ao verificar o que transcreveram ou, no processo de verificação, acrescentam ou apagam trechos, como mais lhes agrade". Orígenes também cita pessoas que alteram maliciosamente os textos sagrados a

---

[110] Wheless, Joseph. *Forgery in Christianity: A Documented Record of the Foundations of the Christian Religion.* Nova Iorque: Health Research Books, 1996

[111] Gibbon, Edward. *The Rise and Fall of the Roman Empire* p. 487.

[112] Contra Celso, 2. 27

quem ele chama de hereges. Isso indica que a "unificação dos evangelhos" parece ter ocorrido depois, provavelmente quando o Império Romano decidiu tornar o cristianismo religião de estado. Dionísio de Alexandria por volta do ano 250 também citou falsos crentes que modificaram inescrupulosamente escritos de sua autoria, assim como os textos sacros nos seguintes termos: "esses apóstolos do demônio se encheram de vícios, eliminando algumas coisas e acrescentando outras. (...) Pouco espanta (a alteração dos meus textos), se eles ousaram falsificar até mesmo as palavras do próprio Senhor".

De acordo com alguns autores, Constantino patrocinou a falsificação de trabalhos genuínos de autores como Pôncio Pilatos, Luciano de Samosata, Júlio Africano, Orígenes e Porfírio, talvez o principal acadêmico do Império Romano antes do cristianismo ser adotado por Constantino e grande crítico do cristianismo. Autores como Flávio Josefo, Trajano, Tácito, Plínio o Jovem, Suetônio, Marco Aurélio e Galeno tiveram interpolações em seus textos ordenadas por Constantino. Além disso, Constantino teria patrocinado uma enorme quantidade de autores fictícios. Ele também mandou forjar documentos de outras religiões, para enfraquecê-las, como textos relacionados a Apolônio de Tiana e Mani, o profeta do Zoroastrismo.

Eusébio, em sua História da Igreja, 5. 28, conta que várias seitas cristãs dos primeiros séculos forjavam os textos: "Eles colocam as mãos sem medo sobre as Santas Escrituras, afirmando que as corrigiram... se alguém pegar algumas cópias e as compará-las, descobrirá divergências frequentes; por exemplo, as cópias de Asclepiades não concordam com as de Teodotus.... Mas nenhuma delas concordará com as cópias de Hermofilius. Com relação a Apolloniades, as suas cópias não podem ser harmonizadas nem com as cópias dele mesmo..."

A VIDA DE CRISTO CRIADA MAQUIAVELICAMENTE

Vamos supor que os textos considerados hoje a base do cristianismo, ou seja, os quatro evangelhos, tivessem sido forjados pelos primeiros cristãos e, em um determinado momento, talvez até mesmo em um primeiro momento, a falsificação tivesse sido impulsionada pelo Império Romano, por interesses políticos e financeiros, em ordem surgida dos imperadores romanos. Nesse caso, possivelmente, deveriam ter sido escritos originalmente em latim para depois serem traduzidos em grego, já que a língua grega era mais falada na Pars Orientis (parte oriental) do Império Romano e o latim era a língua mais falada na Pars Occidentis (parte ocidental). Então a primeira coisa que poderíamos tentar encontrar seriam sinais de tradução dos Evangelhos do latim para grego. Como foi mostrado, muitos acadêmicos afirmam que o Evangelho de Marcos foi traduzido do latim para grego.

Além disso, se sabe hoje que o livro Pastor de Hermas, que dos séculos II ao IV era "amplamente lido"[113] e considerado autêntico pelos cristãos, inclusive por Orígenes e Irineu, tendo feito parte do cânon bíblico Codex Sinaiticus, foi na verdade forjado, escrito em grego em Roma por volta do ano 80 ou 90. Então se isso aconteceu uma vez, não poderiam ter acontecido duas, três ou quatro vezes?

Outra falsificação cristã importante é o conjunto das cartas entre Sêneca e Paulo. São oito cartas de Sêneca e seis respostas de Paulo. Por cerca de 1500 anos elas foram consideradas autênticas, com unanimidade, mas começaram a surgir certos questionamentos sobre a possibilidade de serem falsas. E no início do século XX, já havia uma concordância sobre a não autenticidade. Essas cartas não foram mencionadas antes do século IV, por isso acredita-se que foram forjadas no século IV. Talvez as mesmas pessoas inclusive relacionadas ao mesmo Império Romano por trás da falsificação dessas cartas estivessem por trás da falsificação de outros documentos cristãos nesses anos.

Entre as epístolas ou cartas de Paulo, contidas no Novo Testamento, há as que são consideradas autênticas e algumas são duvidosas. Há um consenso que a Epístola aos Hebreus não é autêntica. Os acadêmicos concordam que algumas epístolas

---

[113] Ehrman, Bart. *Misquoting Jesus*. p. 47

provavelmente não são autênticas, como a Primeira e a Segunda Epístola a Timóteo (a última possivelmente forjada por Hipólito devido à semelhança de estilo de escrita) e a Epístola a Tito. Há ainda suspeita sobre outras. Foram atribuídas epístolas ou cartas a vários apóstolos, como Pedro, João, Tiago etc. também foram falsificadas na Antiguidade.

Sabe-se que um falante de grego na parte oriental do império só aprendia o grego em idade adulta por razões profissionais: basicamente, quem precisava se comunicar com o exército romano, pelo menos até o século III, pois a língua de comunicação com o exército romano presente naquela região era o grego. Pode-se afirmar isso porque descobertas arqueológicas recentes indicam que a grande maioria dos papiros com estudos de latim encontrados na parte oriental era escrita no verso de documentos relacionados aos exércitos. Em outras palavras, não era comum que alguém que falasse ou escrevesse em grego escrevesse também em latim, a não ser que vivesse em Roma ou nas cercanias. Contudo, a partir do século III e, sobretudo, século IV, isso mudou e o latim passou a ficar mais presente no lado oriental.

Não podemos deixar de considerar que é conhecido que a imperatriz romana Julia Domna, por volta do ano 200, pediu para que a vida de Apolônio de Tiana fosse escrita, pagando em ouro por isso, e o resultado foram oito volumes com uma história de viagens em cidades e relatos de milagres e curas. Nem podemos esquecer a falsificação da tabuleta Bembina de Ísis e de outros textos pelo Império Romano, como as falsificações sobre o Zoroastrismo relacionadas a Constantino. Essas falsificações orquestradas pelo Império Romano comprovam o elevado interesse do Império Romano na manipulação de textos religiosos, possivelmente para o controle da população pelo temor a Deus e redução de revoltas. A adoção de várias crenças originadas fora de Roma e o elevado espírito de sincretismo nesses séculos também mostram que religiões ou crenças de outros povos nos séculos I, II, III e início do IV, como o mitraísmo, fascinavam os romanos.

Ao olhar para os primeiros cem anos de cristianismo, mesmo sem saber quase nada sobre ele, não podemos esquecer que houve um período de história oral, já que passaram 45 a 60 anos depois da morte de Jesus até o primeiro dos evangelhos ter sido escrito (em Roma, como foi visto) e não se sabe o conteúdo das primeiras versões, mas sabe-se que mudou com os anos. Meio século é um período suficiente para alterar a história da vida de uma pessoa oralmente por analfabetos, tenho certeza de que nem você nem ninguém duvida disso. Em poucos anos, podem se atribuir milagres a uma pessoa, como foi visto com Antônio Conselheiro. Imagine em 50 anos o que não se pode atribuir por um grupo de analfabetos. O velho ditado funcionaria plenamente: quem conta um conto aumenta um ponto. Será que é possível acreditar que a história de Jesus foi transmitida fielmente oralmente por analfabetos em uma época onde todos acreditavam que deuses faziam milagres, que pessoas podiam ser deuses etc. durante 50 anos? Isso me parece uma impossibilidade.

Além de meio século de tradição oral, durante os 300 anos que se seguiram, os Evangelhos foram copiados inadequadamente e deliberadamente forjados, conforme relatam os próprios primeiros seguidores de Cristo em uma época em que o sincretismo estava em alta. Não estamos supondo que os textos sofreram alterações. Os próprios primeiros cristãos afirmaram isso várias vezes.

Além disso, sabemos que na Antiguidade havia crenças e cultos associados a vários deuses diferentes, homens se acreditavam deuses, deuses se tornavam homens através de virgens, homens deuses ascendiam aos céus e nesse cenário surge a figura de Jesus. Jesus não foi o único ao qual foram atribuídos milagres, não foi o único chamado de Deus ou filho de Deus, nem o único que voltou aos céus ou que desceu dos céus através de uma virgem na Antiguidade. Nem Maria foi a única mãe virgem de um deus ou filho de deus. E, sim, o único espírito que soprava onde quer é o espírito do sincretismo.

De acordo com T. Freke e P. Gandy, as seguintes características eram comuns aos deuses Osíris no Egito, Dionísio na Grécia, Mitra na Pérsia, Adonis na Síria, Atis na Ásia Menor etc: foram salvadores, nascidos em carne, filhos de deus e mãe virgem, com nascimento humilde, transformaram água em vinho, entraram triunfantes em uma cidade montados em um jumento, morreram como sacrifício pelos pecados do mundo, mas ressuscitaram e ascenderam aos céus.

Mas não eram somente deuses que se transformavam em humanos. Havia também humanos que se metamorfoseavam em deuses. O historiador romano Suetônio conta em *Vidas dos Césares*, publicado em 115, que Júlio César tinha declarado que uma parte de sua família descendia dos reis romanos e a outra da deusa Vênus e outros deuses e se chamou ele mesmo um deus. O filho de Júlio Cesar, imperador Otaviano Augusto de Roma entre os anos 27 a 14 antes do Cristo, também foi considerado deus enquanto vivo. Quando o seu corpo foi cremado, Suetônio conta, um oficial romano de alta patente relatou que viu a imagem de Augusto ascendendo aos céus.

A questão da falsificação intencional de outras obras era comum, o que indica que os evangelhos também podem ter sido forjados, como mostra o livro *Forged*, do Professor Bart Ehrman, apontando que "você se surpreenderia com o número de cópias 'originais' de Platão, Aristóteles e Eurípides que apareciam quando uma pessoa estava pronta para pagar em ouro por elas. De acordo com Cláudio Galeno, falsificações começaram a surgir feitas por autores inescrupulosos que simplesmente queriam dinheiro." O autor cita um grande número de falsificações na Antiguidade, feitas por diversas razões e diz que pouquíssimos falsificadores na Antiguidade foram pegos, pois não havia métodos sofisticados de análise. E não deixa de mencionar profecias falsas anunciando a vinda de Cristo, como a profecia do oráculo Sibilino que anuncia a encarnação do filho de Deus como homem que fará milagres.

Em certo momento, quando a crença em Apolônio de Tiana competia com a crença cristã em importância por volta do ano 300, o Império Romano, em uma mudança surpreendente de abordagem, decidiu favorecer o cristianismo, até então crença perseguida como religião de analfabetos. Se a religião de Apolônio, dos filósofos, tivesse sido preferida, as nossas igrejas atualmente seriam provavelmente templos gregos ou egípcios, e talvez fôssemos politeístas, pois Apolônio era filho de um deus grego com correspondente egípcio. Se

Hermes tivesse sido escolhido no lugar de Jesus, por qualquer razão, certamente, a tábua de esmeralda teria a importância sagrada dos dez mandamentos.

Mas o Império Romano decidiu apoiar o filho de deus judeu e, depois suprimir outras religiões e crenças, deu preferência a livros com ensinamentos que pregam que os seus seguidores devem ser dóceis como cordeiros: a religião perfeita para roubar povos dominados e extorquidos.

Somos uma espécie de extensão do Império Romano no Ocidente. O nosso modo de vida é baseado no modo de vida das pessoas que viviam na península itálica, sob o domínio do Império Romano. Mas esse modo de vida é ainda mais antigo, tem raízes no modo de vida dos etruscos. Os etruscos já tinham guarda-chuva, mobílias em casas semelhantes às nossas, com camas, sofás, travesseiros, almofadas, além de itens de cozinha, e nas casas telhas de barro quase idênticas às nossas, além de um modo de vida semelhante ao nosso. Uma residência etrusca (rica) era parecida com uma residência atual. Era bem diferente do modo de vida dos germânicos, dos africanos e dos índios que viviam no continente americano. A religião adotada pelo Império Romano há pouco mais de 1500 anos como oficial do Estado se espalhou pelo Ocidente porque, de certa forma, fomos uma espécie de expansão do Império Romano. No Brasil, foi a religião oficial até 1891.

Mas o que o império romano, que tinha diversos povos sob o seu controle, a fim de cobrar tributos, ganharia fazendo com que os povos controlados aceitassem uma religião que prega crentes dóceis, no lugar de povos rebeldes, que concordassem com aquela situação de extorsão contínua e com o que fosse imposto pelos pastores ou líderes políticos, em vez de se revoltarem e tentarem conseguir a liberdade ou uma situação mais justa? Evitar o que aconteceu com os judeus, que começaram a se revoltar em grande escala no ano 66 levando as suas revoltas até o ano 136. Entre os anos 115 e 117, cerca de meio milhão de romanos foram massacrados em guerras por judeus, de acordo com o historiador romano Cassius Dio. Entre os anos 117 e 138, o Imperador Adriano tentou destruir a religião hebraica, pois acreditava que a religião judaica era a causa das revoltas, já que os judeus estavam receptivos a líderes que se revoltassem contra os romanos, que seriam considerados messiânicos. O império romano poderia tentar a destruição da religião judaica se conseguisse substituí-la por outra? Os romanos não queriam revoltas tão grandes e estavam impressionados com as derrotas que sofreram em algumas batalhas e, ao mesmo tempo, os judeus sempre foram financeiramente essenciais para os romanos, pois se em termos de habitantes correspondiam a 10% dos povos dominados, prosperavam economicamente muito mais do que outros povos. No início do império, em certa ocasião Júlio César não tinha dinheiro para pagar ao exército. As finanças do império não iam tão bem. Os romanos precisavam do dinheiro judeu. E de alguma forma para continuarem a recebê-lo sem dores de cabeça. A terceira grande revolta dos judeus nesses anos ajuda a compreender ainda mais o interesse dos romanos no cristianismo. Ela ficou conhecida como a revolta de Bar Kokhba. Nessa revolta, muitos judeus escolheram Simon bar Kokhba como comandante líder e Messias. Ao entrar em guerra contra os judeus, os romanos perceberam que os judeus cristãos não lutavam contra os romanos, porque os cristãos acreditavam que Jesus tinha sido o Messias (que já tinha lutado contra os romanos anteriormente) e tinha sido morto e por isso se recusavam a apoiar as forças armadas dos rebeldes liderados por outro messias contra os romanos. Os romanos tinham pensado em acabar com a religião judaica e agora percebem que há uma seita nela que pode ter a resposta para os problemas deles. Não seria perfeito converter todos os judeus a essa seita, para que não houvesse mais espaço para o surgimento de novos líderes messiânicos judeus para liderar novas revoltas?

Talvez os evangelhos tenham recebido adições com milagres ao longo dos séculos, mas é possível também que, em algum momento da história, talvez no século IV, os romanos tenham decidido financiar alterações e criar uma nova religião para convencer os povos, por causa da manutenção do poder e, por trás disso, dinheiro. O cristianismo seria a religião ideal para os outros povos, de certa forma como o liberalismo econômico era ideal para os outros povos na época da Inglaterra vitoriana e a cultura americana foi usada como soft power desde o fim da segunda guerra mundial e continua a ser usada até hoje como o plano pós-segunda guerra mundial mais bem executado da CIA. Enfim, a razão da existência do catolicismo e cristianismo é política e financeira.

Quando se fala em fim do Império Romano, deve-se levar em conta que, se ele acabou, esse fim foi somente político, com o fim da estrutura do império. O título do imperador Pontifex Maximus passou para o papa. Através da religião, a península itálica continuou a controlar o resto da Europa ao longo da Idade Média religiosa e financeiramente. O dinheiro não fluía mais para Roma na forma de impostos e taxas pagos involuntariamente por povos insatisfeitos e desejosos de revolta, mas agora através de doações voluntárias dos povos felizes convertidos que morriam acreditando que iam para o paraíso por terem dado suas propriedades ou o dízimo ao longo da vida para a Igreja. O plano deu certo e no final da Idade Média, cerca de um terço das terras de toda Europa era propriedade da Igreja, devido a doações feitas ao longo dos séculos; terras onde a Igreja usou os camponeses durante o feudalismo e até o início do século XX, através de um meio de produção semelhante aos meeiros no Brasil para produzirem, gerando cada vez mais riqueza, ficando com o dinheiro de metade ou mais da produção. E mesmo a Igreja tendo perdido suas terras ao longo dos séculos, com a reforma, revoluções europeias e da unificação italiana, metade da cidade de Roma ainda pertence à Igreja Católica.[114]

De todos os elementos que o hermetismo e a construção dos evangelhos têm em comum, entre os mais importantes, estão o sincretismo e o da atribuição de textos, não só de milagres ao suposto indivíduo, seja ele divindade ou filho de deus, mas também aos seus

---

[114] Temos que levar em conta que na Idade Média, as maiores cidades europeias estavam na península itálica e isso é um reflexo de que ali estavam as mais ricas. O metro quadrado mais caro do mundo ocidental no final da idade Média estava no Rialto, em Veneza, com suas casas com fachadas de mármore e ouro. Esse enriquecimento foi conquistado com o comércio e a tecnologia (embarcações etc.), mas o dinheiro vindo constantemente para a Igreja em Roma de outras partes da Europa circulava (limitadamente) na economia italiana e impulsionou o Renascimento.

discípulos diretos no caso do cristianismo. No fundo, não importa tanto quanto do cristianismo foi financiado pelo Império Romano, quando se desenvolveu oralmente e quanto foi forjado ou manipulado pelos próprios cristãos ao longo dos séculos. O fato é que tudo isso aconteceu ao longo dos séculos.

Os milagres dos Evangelhos cristãos são certamente fruto de sincretismo. Em relação aos ensinamentos contidos nos Evangelhos, provavelmente foram adaptados de ensinamentos praticados em sociedades secretas da época, os chamados cultos de mistério. Apesar de se saber muito pouco sobre o que era ensinado nesses cultos secretos atualmente, sabemos, por exemplo, que para entrar em alguns cultos, o indivíduo não podia ter derramado sangue de outra pessoa. Isso vai de encontro com o ensinamento cristão de não praticar a violência. Da mesma forma, a questão sexual, a virgindade associada à pureza, os sacerdotes que não podem ter relações sexuais, tudo isso foi adotado de outras crenças que já existiam, a associação da virgindade à pureza é muito mais antiga que o nascimento de Jesus. Deduzo, por isso, que os ensinamentos cristãos foram adaptados de ensinamentos praticados em cultos de mistério da Antiguidade e talvez obtidos também por sincretismo. Se fosse assim, o cristianismo teria tornado público ensinamentos antes secretos. Naturalmente, praticar a não violência era o ensinamento preferido dos imperadores romanos... contanto que para os outros.

Supostamente Jesus disse: "a verdade vos libertará". A verdade é que ele provavelmente não foi mais do que um líder político que liderou 900 homens em uma revolta contra o Império Romano, como parece ter afirmado Sosiano Hiérocles, pró-cônsul e culto. Portanto, que a verdade libertadora seja como uma faca de dois gumes. A liberdade é necessária para que as pessoas consigam se libertar da maior mentira criada na história do planeta. Que cada Jesus crucificado desça de sua cruz. Leitor, acredite em extraterrestres, se aprofunde no hermetismo, estude espiritismo, se interesse por crenças diversas ou se aprofunde em qualquer trabalho ou hobby com dedicação e paixão sem sentimento de culpa por não acreditar nas histórias atribuídas a Cristo. O Cristo como pregado pelos cristãos não existiu. As peças do cristianismo não se encaixam neste quebra-cabeça.

Não podemos esquecer que a história da Igreja Católica, refletida em suas igrejas espalhadas pelo mundo, muitas delas verdadeiras obras de arte, é uma importante parte da história do nosso planeta. É curioso que mesmo 2000 anos depois de Jesus, poucos saibam que os fundamentos da Igreja Romana estejam sobre o paganismo. As igrejas católicas são um reflexo disso também, mas não deixam de ser belas por isso.

Vou encerrar contando uma história que espero que você não esqueça: há quase 2000 anos, havia um templo onde hoje é o Vaticano. Nesse templo, os sacerdotes adoravam um homem deus que tinha nascido diante de três pastores no dia 25 de dezembro de uma virgem a quem um ser celeste tinha anunciado que seu filho não seria um homem comum e, no seu nascimento humilde, em uma caverna, uma estrela brilhou no céu de forma incomum e indicou seu nascimento. Quando adulto, ele iniciou uma peregrinação para divulgar seus novos preceitos que ensinavam dar mais valor ao espiritual do que ao material. Ele reuniu alguns seguidores convencidos que ele era o Filho de Deus. Fez milagres para confirmar a sua origem divina. Nesse templo, há cerca de dois mil anos, essa divindade redentora que tinha ascendido aos céus após sua morte era glorificada. Mas a sua morte não significava o fim, porque havia a promessa de seu retorno no fim dos tempos para julgar os vivos e os mortos. Ali, nesse templo em Roma, os sacerdotes do mitraísmo (religião de estado em Roma após Nero) celebravam uma refeição de pão e vinho em memória da última ceia de seu salvador que havia declarado que "quem não comer do meu corpo e não beber do meu sangue, para que se torne um comigo, não encontrará salvação". E na cerimônia de iniciação dos mistérios de Mitra, havia 12 discípulos, que representavam as 12 casas zodiacais, ao redor da representação do home-deus Mitra. Sobre as ruínas desse templo pagão destruído pelos romanos, foi construído o Vaticano. Em 384, Vettius Agorius Praetextatus, o último "papa" do culto de Mitras morreu em Roma. O seu nome está inscrito na base da Basílica de São Pedro, ao lado do nome de outros senadores romanos que foram sacerdotes de Mitra entre 305 e 390. Não é possível dissociar o cristianismo do mitraísmo nem do hermetismo: o sincretismo faz parte da verdadeira história do cristianismo primitivo, que era composto de seitas, algumas acreditando em 2, 12 ou 365 deuses, outras usando por alguns anos, no cristianismo cristão, o símbolo fálico associado ao Hermes grego.

Sim, não é mentira, você encontrará um pouco de Hermes no Jesus dos Evangelhos, assim como um pouco de Pitágoras, uma pitada da deusa Cibele, e muito de Mitra, Osíris e Dionísio.[115] Você quer que a verdade o liberte? Essa é a verdade sobre o cristianismo, nenhuma outra. Sinta-se livre..

"E Moisés foi instruído em toda a sabedoria[116] pelos egípcios". Atos 7:22

Vaticano, aposentos de Bórgia: Hermes, Moisés e Ísis

---

[115] Inscrição mencionada por Godwin, J. *Mystery Religions in the Ancient World*. Thames & Hudson, 1981. p.28

[116] *sophia*, no original

The Nativity of the God Dionysius, Museum of Naples.

Uma antiga urna de mármore no Museu de Nápoles, sul da Itália, mostra Hermes (deus do discurso e da palavra, três vezes deus, equivalendo talvez nesta imagem ao Espírito Santo, que permitirá depois que os discípulos falem em línguas) entregando o deus Dionísio à sua mãe (sentada) no seu nascimento, ao lado de três homens à direita, equivalentes aos três reis magos presentes no nascimento de Jesus.

CRISTIANISMO: PROPAGANDA POLÍTICA DO IMPÉRIO

Esta seção contém cerca de 20 razões que têm, cada uma delas, um peso para fazer pesar a balança a favor de concluir que o Jesus bíblico não existiu e o cristianismo foi forjado em nome do poder e do dinheiro e, por trás disso, estava o Império Romano e a aristocracia romana representada no Senado, pois decisões religiosas desse porte eram tomadas com apoio e votação do Senado Romano.

Há dois períodos marcantes na Antiguidade que parecem constituir a base do que se tornou o cristianismo. Um primeiro momento é a dinastia flaviana, entre 69 e 96, onde os primeiros Evangelhos foram escritos através de sincretismo etc. talvez com apoio do Império Romano. Em um segundo momento, no século IV, imperadores como Constantino e Teodósio II tentam unificar os textos e a mensagem do deus criado no primeiro século possivelmente pela dinastia flaviana e eliminar o que pode ser contrário. Supondo que os Evangelhos não tenham sido falsificados pela dinastia flaviana de imperadores, houve um período de cerca de 40 a 50 anos após a suposta crucificação de

Cristo e a época em que o Evangelho mais antigo da bíblia, o atribuído a Marcos, foi escrito. Nesse meio século de tradição oral contado por analfabetos (já que mais de 95% da população local era analfabeta), certamente o que foi contado ao longo dos anos foi bem diferente do fato histórico. Para se estimar o que pode ter ocorrido, podemos olhar para o que ocorreu em poucos anos no século XIX em Canudos, com Antônio Conselheiro. Enfim, com ou sem o Império Romano por trás da criação do Novo Testamento, os Evangelhos surgem por volta do ano 100, não antes do ano 65 e, no meu ponto de vista, depois do governo do Imperador Flávio Vespasiano, ou seja, depois de 79.

O Evangelho de Marcos, o primeiro evangelho bíblico, foi escrito em latim, em Roma. Ele não foi escrito em aramaico nem em grego. Nenhum evangelho do Novo Testamento foi escrito em aramaico, língua das pessoas que viviam onde Cristo supostamente viveu e língua dos primeiros cristãos.

Os nomes Marcos, Mateus, João e Lucas são atribuições e não fatos históricos, tendo sido atribuídos depois do ano 150. Antes disso, os evangelhos não tinham nome de autores, já que eles foram escritos no anonimato. Se a autoria foi atribuída, por que não atribuiriam outras coisas, como milagres etc. como vários religiosos comprovadamente fizeram ao longo da Idade Média atribuindo milagres absurdos e profecias a santos?

Havia um índice elevadíssimo de analfabetismo nas regiões que Cristo supostamente percorreu com seus discípulos e, muito provavelmente, se isso ocorreu, todos ou quase todos os seus discípulos eram analfabetos. Por outro lado, percebe-se que quem escreveu os evangelhos foi claramente alguém culto que sabia escrever e conhecia bem a religião hebraica e crenças egípcias. Pode-se pensar que essa pessoa ou pessoas cultas escreveram essa bela história por ouro ou imposição dos imperadores?

Lucas associa o nascimento de Jesus a um censo. Não há registro histórico desse censo na documentação do Império Romano. Da mesma forma, a morte de Jesus está associada a fenômenos naturais. Esses fenômenos, se tivessem ocorrido, teriam sido registrados por historiadores como Julio Obsequens, que registrou vários fenômenos naturais ou não durante séculos em *Prodigiorum Liber*, obra escrita por volta do ano 350, onde ele curiosamente registrou até o que parecem ser discos voadores, mas não fala nada dos eventos associados à morte de Jesus ou de Jesus.

Os principais cristãos da Antiguidade, mas não apenas eles, escreveram várias vezes que os copistas copiavam incorretamente os textos sagrados do Novo Testamento e, inclusive, que muitos forjavam ou adicionavam histórias propositalmente. O próprio São Jerônimo escreveu sobre a grande falta de uniformidade nos inúmeros textos dos evangelhos.

Os acadêmicos sabem que na Antiguidade, era possível encontrar um ótimo escritor que escreveria um belo texto e o atribuiria a qualquer pessoa a preço de ouro. Isso foi feito com várias figuras conhecidas da Antiguidade, como Hermes Trismegisto, Platão e em assuntos religiosos.

O Império Romano tem um histórico comprovado de falsificação de documentos religiosos de religiões de outros povos, como o Zoroastrismo, de crenças egípcias. O próprio cristianismo teve documentos comprovadamente falsificados em Roma, como o Pastor de Hermas, apesar dele ter sido considerado autêntico por séculos pelos primeiros cristãos. Houve vários outros textos cristãos reconhecidamente falsificados, como o Evangelho de Pedro, o Evangelho de Tiago, Evangelho de Bartolomeu, Evangelho de Maria, Evangelho de Filipe, Evangelho dos Doze, Evangelho do Salvador etc.

Por volta do ano 200, uma imperatriz romana pagou um escritor para escrever oito livros sobre a história da vida de um homem. Os livros contavam que ele era filho de um deus, nascido de uma virgem, que perambulou pregando e fazendo milagres e na sua morte ascendeu aos céus: Apolônio de Tiana. Se isso ocorreu uma vez, através de uma Imperatriz, por que não aconteceu, por exemplo, com um imperador e o cristianismo?

O historiador romano Tácito reconta um episódio contado por sacerdotes egípcios sobre a criação do deus Serapis por Ptolomeu (90-168), rei da Macedônia que dominou o Egito, após um sonho onde viu um jovem ascender aos céus. Com os anos, este deus tornou-se o mais adorado em algumas partes do Egito, como comprova o texto a seguir. O deus Serapis tinha o dom de cura e aspecto semelhante a Jesus. Portanto a prática de criação de um deus por um líder político tem histórico e o sucesso da implementação de uma crença forjada também. Apesar desse deus ter sido forjado, no livro *Histórias* de Tácito, livro 4, pode-se ler: "Uma pessoa simples bem conhecida por sua cegueira em Alexandria se atirou aos pés do Imperador (Vespasiano) e o implorou com gemidos que curasse a sua enfermidade. O cego fez isso por causa do Deus Serapis, que esta nação, devotada a muitas crenças, adora mais do que qualquer outra divindade. Ele implorou a Vespasiano que passasse um pouco de seu cuspe em seus olhos e bochechas. Outra pessoa, com uma mão inválida, por conselho do mesmo deus, rogou que seu membro tocasse a pegada do pé do imperador. Inicialmente Vespasiano ridicularizou e os afastou. Eles insistiram.... então Vespasiano fez o que foi pedido. A mão foi instantaneamente restaurada ao uso e a luz do dia brilhou novamente para o cego. Pessoas presentes confirmaram os dois fatos, até mesmo agora quando nada é ganho pela falsidade." Os mesmos milagres atribuídos ao Imperador Vespasiano são registrados também pelo historiador Suetônio. Esses dois milagres feitos pelo Imperador Vespasiano (fundador da dinastia flaviana, imperador entre 69 e 79) aparecem nos Evangelhos: Jesus passa o seu cuspe e cura um cego e cura uma pessoa com uma mão deficiente.

Os romanos estavam em dificuldades financeiras há cerca de 2000 anos e os judeus eram economicamente essenciais para a manutenção do império. Eles correspondiam a 10% em termos populacionais do império e talvez a 20% ou 30% ou 40% em termos econômicos, já que sempre foram economicamente prósperos. O Império Romano teve, em um determinado momento, um grande interesse em acabar com a religião judaica, devido ao fato que os judeus esperavam um messias lutador e assim os romanos consideravam-na propensa a revoltas contra os dominadores romanos. Os romanos destruíram vários documentos messiânicos de origem judia para tentar evitar novas revoltas messiânicas. Em um segundo momento, por volta do ano 135, perceberam que os judeus cristãos não lutavam contra os romanos. O Os romanos estavam desesperados e percebem que os judeus cristãos não lutavam. Deve ter passado a interessar aos romanos que todos os judeus se tornassem cristãos, o que significaria o fim da religião judaica e o fim de novas revoltas lideradas por novos messias. O objetivo da criação de um judeu filho de deus e santo deveria ser criar uma figura do próprio povo judeu que pudesse acalmar, como "cordeiros", judeus e talvez outros povos dominados prestes a se revoltarem contra os romanos. A mensagem ou propaganda romana presente nos Evangelhos, mais de uma vez, ensina que os impostos devem ser pagos aos líderes romanos. As palavras de Jesus são claras: dê ao imperador, (o dinheiro extorquido) que é do imperador. Além disso, a história da crucificação é criada de forma que se creia que os culpados pela morte do filho de Deus são judeus, não romanos, os quais fizeram apenas o que os judeus, os verdadeiros culpados, pediram. Em outro momento, em Lucas 7, Jesus diz que a fé do centurião em Cafarnaum supera a de todos em Israel. Como um judeu diria isso sobre o seu povo? Isso é uma piada. Os romanos são praticamente santificados nos Evangelhos. Para o Império Romano, por trás da autoria dos Evangelhos, que criou o cristianismo como arma de propaganda política do império, o povo dominado ideal seria um que pudesse ser imolado em nome da bondade, antes, obviamente, dando todo o seu dinheiro sem resistência ao romano manipulador.

As profecias hebraicas sobre o Messias judeu falam (ainda hoje) que o Messias judeu será um líder e liderará os judeus contra os seus opressores e os vencerá em uma batalha, restaurando o poder de Israel com grandiosidade global. Se o Jesus bíblico não fez nada disso, era pacífico, por que razão o cristianismo teria nascido entre os judeus? O cristianismo só poderia ter nascido se Jesus histórico tivesse sido um líder político, um guerreiro, que se revoltou contra os romanos e lutou contra eles liderando centenas de judeus, como afirmou o pró-cônsul Sosiano Hiérocles, líder político e homem culto com acesso à informação que certamente sabia o que estava escrevendo. Suetônio escreve que durante o reinado do Imperador Cláudio (entre 41 e 54): "iudaeos impulsore Chresto assidue tumultuantis Roma expulit", ou seja, judeus instigados por Cristo (vivo?) que faziam muitos tumultos foram expulsos de Roma. Os cristãos estão associados a tumultos em outras ocasiões. Por que esses cristãos fariam tumultos se o Jesus que eles conheciam era o mesmo que conhecemos, um Jesus pacífico? Ao longo dos anos a real vida de Jesus foi sendo alterada e transformada até ser criada a vida lendária e bíblica de Jesus.

Na antiguidade, era comum a crença de pessoas serem consideradas filhos de deus, deuses e nascidos de virgens. Também acreditavam com facilidade em milagres e muitos filósofos gregos foram supostamente taumaturgos. Enfim, os povos estavam abertos a acreditar em qualquer coisa.

Apesar de ser possível encontrar alguns milagres de Jesus em histórias de milagres de outros deuses e filósofos gregos, por exemplo, o teólogo Rudolf Bultmann afirmava que o milagre de andar sobre as águas já era conhecido em algumas culturas e Alexandre Magno e Xerxes teriam andado sobre as águas, mas certamente, nem todos os milagres serão encontrados, já que muitos manuscritos foram proibidos e queimados por imperadores romanos, mas se pode se supor, como qualquer juiz sábio faria decidindo sobre um caso, que se alguns milagres foram copiados, todos devem ter sido copiados.

O percurso de Jesus e, em alguns casos, os fatos contados, tem grande semelhança com os fatos associados aos romanos durante a guerra entre romanos e judeus que ocorreu por volta do ano 70, conforme relatada por Flávio Josefo. Em uma praia onde os judeus foram massacrados por volta do ano 70 com lanças pelos romanos nas praias, na história de Jesus, nessa mesma praia Jesus convida seus discípulos a se tornarem "pescadores de homens".

A história da guerra dos judeus de Flávio Josefo mencionada é a única que existe atualmente porque os romanos tinham um controle total da literatura e destruíram histórias diferentes e executaram os seus escritores. Se fizeram isso com A Guerra dos Judeus escrito por Josefo, poderiam ter feito com a história de Jesus Cristo.

A filosofia cristã tem semelhanças com a dos estoicos (aceitar o momento como ele se apresenta, a igualdade de todos, não ser controlado pelo desejo de prazer ou medo da dor etc.: o autocontrole supera emoções destrutivas como ódio e inveja), que era ensinada em Roma no tempo dos imperadores flavianos.

Houve um sincretismo enorme na Antiguidade, em todas as religiões que passaram por Roma. Por que razão especial a exceção teria ocorrido com Jesus e o cristianismo? A prova da presença de sincretismo no cristianismo pode ser encontrada no primeiro símbolo do cristianismo, antes da cruz ser adotada por volta do século IV, que era uma âncora com um peixe, usada antes pelos imperadores flavianos, além de aparecer em templos dos deuses Vênus e Netuno em Roma e, antes disso, associada ao deus Apolo em Delos (séc. II a. C.) e adotada também por reis gregos antes de Cristo.

"Hermes omnia solus et ter unus"
(Hermes, tudo nele e três em um)

Marco Valério Marcial, poeta latino (38-104)
Poema sobre Hermes

"Ele (Hermes Trismegisto) declara, a propósito da trindade, que somente uma divindade existe sob a forma de uma trindade". *Souda*, enciclopédia composta no século X, com informações de obras da Idade Antiga, a maior parte delas perdidas ou desaparecidas.

Assim como a imagem da âncora com o peixe veio da Grécia, de Apolo, havia na Antiguidade o culto grego de Kriophorus, o homem que carrega as ovelhas, que comemorava o sacrifício de uma ovelha. Era também um epíteto de Hermes: *Hermes Kriophoros*. E para Hermes Kriophorus foram construídos santuários antes de Cristo. A imagem de Hermes foi transformada na imagem do Cristo que carrega as ovelhas e na imagem do Cristo bom pastor, ambas presentes em catacumbas, nos mosaicos em Ravena do século VI e em pinturas das primeiras igrejas cristãs.

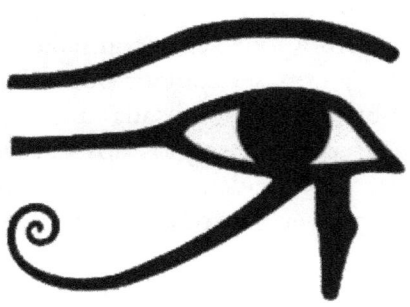

O Olho de Hórus

Imagem do livro de Adam Boehme. *Des Hermes Trismegistus wahrer alter Naturweg*. Leipzig, 1782.
Tradução do texto no alto:
Hermes ascende da terra ao céu, desce novamente à terra, e recebe o superior e o inferior.

BIBLIOGRAFIA DESTE CAPÍTULO

Entre os livros contidos na bibliografia deste capítulo, os que mais me influenciaram foram *How Jesus Became God* de Bart Ehrman. Esse livro foi publicado no Brasil com o título *Como Jesus se tornou Deus* pela editora Leya. Professor na Universidade da Carolina do Norte (UNC) em Chapel Hill, onde foi Diretor e Presidente de Estudos Religiosos, é autor de 30 livros, seis dos quais apareceram na lista dos best-sellers do New York Times. Já falou sobre o seu trabalho no History Channel, National Geographic Channel, Discovery Channel, CNN etc. Para o Professor Ehrman, que vendeu mais de um milhão de cópias de seus livros, traduzidos em mais de vinte línguas, assim como para outros acadêmicos especializados no novo testamento, grande parte da história de Jesus foi adaptada em um sincretismo da história de Mitra. Essa é uma excelente obra, cuja pesquisa levou oito anos. Eu resumiria o seu trabalho de décadas com essas suas palavras do seu livro *Misquoting Jesus*: "quanto mais eu estudei a tradição de manuscritos do Novo Testamento, mais percebi como radicalmente o texto tinha sido alterado com o passar dos anos pelos escribas, que não estavam apenas conservando as escrituras, mas as estavam alterando também."[117]

O livro *The Jesus Mysteries* dos britânicos Timothy Freke e Peter Gandy também me surpreendeu muito e possui muitas informações úteis, apesar de algumas duvidosas. Ele identifica a origem de vários eventos da suposta vida de Jesus e afirma que a principal inspiração para as suas histórias se encontra no deus grego Dionísio e no deus egípcio Osíris. A capa deste livro usa uma imagem falsa de Dionísio crucificado, supostamente do século III a. C. o que mostra que pode ter havido outros deslizes na obra. As informações de semelhança entre Dionísio/Osíris e Jesus são impressionantes. Porém constatei posteriormente que o Professor Ehrman criticou esse livro o considerando não altamente acadêmico (sério) e afirmando que possui várias colocações incorretas e contraditórias "feitas para vender".

---

[117] Ehrman, Bart. *Misquoting Jesus*. p. 207

Os americanos James Valliant e Warren Fahy pesquisaram mais de 30 anos para escrever *Creating Christ*, onde apresentam muitas evidências para mostrar que o cristianismo foi uma invenção do Império Romano para uso de propaganda política do Império, criado mais especificamente pela dinastia flaviana. Essa obra também é excelente, reflete uma pesquisa profunda. Eles apresentam várias informações essenciais para entender o sincretismo no cristianismo, mostrando que o primeiro símbolo do cristianismo, antes da cruz ser adotada por volta do século IV, era uma âncora com um peixe, que foi antes usada pelos imperadores flavianos, além de aparecer em templos dos deuses Vênus e Netuno em Roma e, antes disso, associada ao deus Apolo em Delos (séc. II a. C.) e que foi adotada por reis gregos anteriores a Cristo e aparece, inclusive, em moedas da época do império romano associadas a imperadores flavianos como Tito. Os autores mostram que os Evangelhos contam que o Messias voltaria em breve enquanto os discípulos estavam vivos (porque há trechos nos Evangelhos que afirmam isso) e que ele voltaria na forma de um Imperador Romano e, inclusive, um deles foi considerado de origem divina durante séculos.

Tom Harpur (1929-2017) é outro autor sério que merece ser considerado. Canadense, foi ordenado sacerdote em 1956 na Igreja anglicana no Canadá e continuou sacerdote cristão por mais de cinquenta anos. Também foi Professor universitário de Novo Testamento, Grego e Teologia na Universidade de Toronto. Ele aparece no polêmico documentário *A Procura da História de Jesus*, de 1979, onde também aparecem Freeke e Gandy[118]. Depois de pesquisas, ele passou a acreditar que Jesus era uma figura mitológica e que com o entendimento dos hieróglifos egípcios graças a Champollion, se encontraram elementos mostrando que a vida de Cristo foi baseada em histórias do Antigo Egito. Em 2008, outro documentário, desta vez premiado, foi feito com base em outro livro dele, *O Cristo dos Pagãos (The Pagan Christ)*, escrito em 2004.

---

[118] Este documentário estava disponível no Now da NET em 2019 (no canal Looke).

Outros livros interessantes tentaram encontrar as origens do cristianismo no Egito antigo, como os livros de Gerald Massey, Alvin Kuhn, que serviu de inspiração para Tom Harpur e outros. Também não deveria deixar de mencionar Joseph Atwill, pesquisador americano que viveu na década de 1970 no Brasil, pesquisou uma década sobre o assunto e escreveu a curiosa obra *Caesar's Messiah*, onde afirma que os romanos inventaram a figura de Jesus para controlar as massas se baseando na história dos imperadores flavianos Tito Flávio Vespasiano e Tito Flávio Domiciano. Em seu trabalho, ele comparou a jornada de Jesus contada nos Evangelhos com o relato histórico da guerra dos romanos contra os judeus de Flávio Josefo em sua obra A Guerra dos Judeus. De acordo com ele, nas cidades visitadas pelo exército romano durante a guerra nos anos 66 a 73 houve acontecimentos com algumas semelhanças com mesmas cidades visitadas por Jesus nos Evangelhos. Um documentário dirigido por Fritz Heede foi feito na Alemanha baseado nesse livro[119].

Entre os artigos, merece destaque o estudo de cerca de cinquenta anos do Professor da Rhodes University, na África do Sul, especializado em grego, David Bruce Gain, disponível na Internet, que prova que o Evangelho de Marcos foi escrito em latim e mostra vários erros de tradução do latim para o grego do mesmo evangelho, erros presentes em várias bíblias do mundo inteiro, que traduziram o Evangelho de Marcos do grego, além dos artigos científicos do médico e filósofo francês Paul-Louis Couchoud. Outros artigos interessantes foram usados, nem todos incluídos na bibliografia.

---

[119] *Caesar's Messiah: The Roman Conspiracy to Invent Jesus.* Documentário completo disponível em inglês em https://caesarsmessiahdoc.com e no YouTube.

BIBLIOGRAFIA DESTE CAPÍTULO

Anglada, Paulo. **Manuscritologia do Novo Testamento**. História, correntes textuais e o final do Evangelho de Marcos. Ananindeua: Knox Publicações, 2014

Atwill, Joseph. **Caesar's Messiah**. Berkeley: Ulysses Press, 2006

Burkitt, F. C. Was the Gospel of Mark Written in Latin?. **The Journal of Theological Studies**, 1928

Burton, Henry Fairfield. The Worship of the Roman Emperors em **The Biblical World**, publicada pela University of Chicago Press, 1912

Couchoud, Paul-Louis. L'Evangile de Marc a-t-il été écrit en latin? **Revue de l'histoire des religions**, Vol. 94 (1926), pp. 161-192

Couchoud, Paul-Louis. Marc Latin et Marc Grec. **Revue de l'histoire des religions**, Vol. 95 (1927), pp. 287-301

Ehrman, Bart. **How Jesus Became God**. Nova Iorque: HarperCollins, 2015

Ehrman, Bart. **Lost Christianities**. Nova Iorque: Oxford University Press, 2003.

Ehrman, Bart. **Forged**. Nova Iorque: HarperOne, 2011

Ehrman, Bart. **Misquoting Jesus**. Nova Iorque: HarperOne, 2005

Freke e Gandy. **The Jesus Mysteries**. Was the original Jesus a pagan God? Nova Iorque: Harmony Books, 1999

Freke e Gandy. **The Hermetica**. Piatkus Books, 1997

Gadalla, Moustafa. **O Antigo Egito. As Raízes do Cristianismo**. Greensboro: Fundação de Pesquisa Tehuti, 2018

Godwin, J. **Mystery Religions in the Ancient World**. San Francisco: Harper & Row, 1981.

Gibbon, Edward. **The Rise and Fall of the Roman Empire**

Harpur, Tom. **O Cristo dos Pagãos**. São Paulo: Pensamento, 2004

Kuhn, Alvin. **The Shadow of the Third Century**. A Revaluation of Christianity. Muriwai Books, 2018.

Lagrange, M. J. L'Évangile de Saint Marc n'a pas été écrit en Latin. **Revue Biblique** (1892-1940), Vol. 37, No. 1 (1er JANVIER 1928), pp. 106-116

Reitzenstein, Richard August. **Poimandres: Studien zur griechisch-ägyptischen und frühchristlichen Literatur**. Leipzig: B. G. Teubner, 1904

Reitzenstein, Richard August. **Die Hellenistischen Mysterienreligionen**. Leipzig: B. G. Teubner, 1920

Valliant, James e Fahy, Warren. **Creating Christ: How Roman Emperors Invented Christianity.** Hertford: Crossroad Press, 2018

Wendy, Cotter. **Miracles in Greco-Roman Antiquity**. A Sourcebook for the study of New Testament Miracle Stories. Londres: Routledge, 1999

Wheless, Joseph. **Forgery in Christianity: A Documented Record of the Foundations of the Christian Religion**. Nova Iorque: Health Research Books, 1996

APÊNDICE A: HERMES NA MITOLOGIA GREGA

Este apêndice se refere ao Hermes grego antes do sincretismo com o deus egípcio Thoth ou Tuti, quando Hermes estava associado aos ladrões e ao sexo na Grécia. A impressão que se tem é que o Hermes da Tábua de Esmeralda do Hermes grego tem praticamente apenas o nome. Do ponto de vista hermético, se Thoth tivesse existido como um Deus, eu diria brincando que a associação do nome Hermes a Thoth parece ter sido o desejo hermético do próprio Thoth, para adicionar confusão à matéria hermética já tão obscura a fim de manter o desejo do deus de dificultar o acesso às informações. Ou que o deus ladrão Hermes roubou os atributos de Thoth e a fama de autor dos textos herméticos. Para resumir, a Tábua de Esmeralda e os textos herméticos deveriam ter permanecido atribuídas ao Thoth egípcio, pois têm relação com o Egito de Thoth e não fazem sentido atribuídas ao Hermes grego. O Hermes grego não carregava uma tábua e um instrumento de escrita, mas um caduceu.

Na mitologia grega, Hermes é filho de Zeus e da ninfa Maia. Ele era o mensageiro dos deuses que desviavam os homens. Também era guia das almas, como psicopompo, quando conduzia os mortos pelo submundo, o reino de Hades[120]. Essa função, de acordo com A. Cotterell, explica a identificação posterior do deus germânico Odin com o equivalente a Hermes em Roma, Mercúrio.[121] Hermes era

---

[120] Este parece ser o principal elemento em comum entre Thoth e Hermes.

[121] Cotterell, Arthur. *A Dictionary of World Mithology*. Oxford: Oxford University Press, 1990.

patrono dos comerciantes, mas também dos ladrões. Sandálias aladas o ajudaram a roubar vacas que pertenciam de seu meio-irmão Apolo. Ele também era o deus da fertilidade, aspectos incluídos na herma, que era um pilar quadrangular de terracota, pedra ou bronze com um busto de Hermes na parte superior e um órgão fálico na parte inferior. No século III a.C., havia o costume de derramar óleo sobre esses santuários de Hermes que estavam nos cruzamentos de estradas, pois acreditavam que Hermes poderia protegê-los ou trazer sorte na viagem. Teofrasto, ridicularizando essa superstição grega, escreveu que os homens que passavam pelas hermas[122] em encruzilhadas derramavam óleo de uma garrafa sobre a herma, se ajoelhavam, prestavam reverência e somente depois disso continuavam a caminhada. Atualmente, as estradas montanhosas na Grécia possuem pequenos santuários cristãos construídos usando pilares, descendentes diretos das hermas. Hermas também eram colocadas nas ruas, nas portas e como delimitadoras de propriedade. A palavra hermafrodita vem do nome do filho de Hermes com Afrodite. De acordo com a lenda, Hermafroditos se uniu fisicamente à pessoa que amava, a ninfa Salmakis e desde então o termo passou a adotar a conotação bissexual.

De acordo com textos transcritos da tradição oral pelo poeta grego Homero (atribuído a ele) nos Hinos Homéricos por volta do oitavo século a.C.[123], Hermes era um personagem maquiavélico e com aspectos sexuais. Assim que nasce, Hermes demonstra poderes extraordinários, cria uma lira a

---

[122] *Hermeia* ou *hermaia* é o nome de um festival dedicado a Hermes, que acontecia na antiga Grécia, celebrado com sacrifícios a Hermes e jogos atléticos e ginásticos restrita a jovens, tendo sido estabelecidos por volta do século V a.C.

[123] Não se sabe quando exatamente Homero viveu e nem mesmo se ele existiu de fato. Caso tenha existido, deve ter sido entre os séculos XII a.C. e VIII a.C.

partir do casco de uma tartaruga e ainda no mesmo dia em que nasceu rouba 50 cabeças de gado de Apolo. Dois desses animais são oferecidos em sacrifício aos doze maiores deuses. Quando Maia, sua mãe, o encontra, pergunta o que houve e ele responde que não quer passar a vida em uma caverna, quer ser rico como os outros deuses e se Zeus não der riquezas a ele, ele as procurará e se tornará o príncipe dos ladrões. Enquanto isso, Apolo descobre o roubo e vai reclamar com Hermes. Os dois deuses, incapazes de chegar a um acordo, procuram a mediação de Zeus, no monte Olimpo. Após se divertir com o desentendimento dos filhos, Zeus ordena que Hermes restitua o gado roubado a Apolo. Hermes obedece, mas começa a tocar a lira diante de Apolo, construindo também a flauta de Pan. Apolo é conquistado pelo som dos instrumentos e quer comprá-los. Como sinal da nova amizade, Apolo presenteia Hermes com o caduceu de ouro, formado de duas serpentes que se enroscam em uma verga, que se torna o símbolo do deus Hermes. Hermes pede a Apolo para que o ensine a arte da adivinhação. Apolo nega mas o envia ao Trio de Parnaso, três irmãs virgens que são mestras na adivinhação. Finalmente, Zeus estabelece que Hermes se torne o senhor das aves de presságios (heteromancia, arte antiga de adivinhação), dos pastores e que seja o mensageiro dos deuses.[124]

O poema épico didático *Os Trabalhos e os Dias*, escrito por Hesíodo por volta do ano 700 a.C., relata o mito de Pandora e de sua criação. Quando Pandora, a primeira mulher humana é criada, moldada com a terra por ordem de Zeus, uma espécie de equivalente à Eva, cada deus devia dar a ela presentes únicos para criá-la. Enquanto outros deuses davam a ela dons e joias, os presentes de Hermes foram mentiras e uma natureza enganadora.

---

[124] Traduzido de Jordan, M. *Miti di tutto il mondo*. Milão: Mondadori, 1998.

APÊNDICE B: ABU MASHAR

Abu Mashar foi um astrólogo árabe conhecido que faleceu no ano 886. Em sua obra medieval K. *Al-uluf*, do século IX, ele relata[125] a história a seguir. Há outros livros medievais mais tardios que com relatos semelhantes a este arquétipo, mas este é o mais antigo relato semelhante encontrado entre os manuscritos árabes. De acordo com Plessner, a origem das histórias árabes sobre Hermes é indubitavelmente babilônica, mas o momento quando as histórias babilônicas se transformaram na tradição hermética de autores muçulmanos é um elo perdido:

"Ele (Asclépio) foi um pupilo de Hermes, o egípcio. Houve três pessoas chamadas Hermes: Hermes, o primeiro, sobre quem a graça tripla foi dada, viveu antes do dilúvio. O significado de Hermes é apelativo, como é o caso de César e Khusraw. Os persas, em seus livros históricos, o chamam de Hoshang, isto é, o justo, e é sobre ele a profecia dos Harranianos. Os persas dizem que o avô dele era Kayomart, isto é, Adão. Os hebreus dizem que ele é Akhukh (Enoque), isto é, Ídris em árabe.

Ele foi o primeiro a falar das coisas superiores, como o movimento das estrelas e o seu avô, Adão, o ensinou as horas do dia e da noite. Ele foi o primeiro a construir santuários e a louvar Deus neles, o primeiro a pensar e falar de medicina. Ele escreveu para seus contemporâneos muitos livros de poemas rítmicos, com rimas conhecidas na língua de seus

---

[125] Traduzido do artigo científico de Plessner, M. **Hermes Trismegistus and Arab Science**. Studia Islamica. Nº 2 (1954) pp. 45-59.

contemporâneos, sobre o conhecimento de assuntos terrestres e celestes. Ele foi o primeiro a profetizar o dilúvio e viu que a praga celeste ameaçava a terra pela água e pelo fogo. O seu lar era a Said de Egito, que ele mesmo escolheu para ele e construiu ali os santuários das pirâmides e as cidades de templos. Foi por causa de seu temor que a sabedoria pudesse ser perdida que ele construiu os templos, isto é, a montanha conhecida como al-Barba, o templo de Alquimim (Panópolis), gravou em suas paredes desenhos de todas as técnicas e seus técnicos fizeram pinturas de todas as ferramentas de trabalho dos trabalhadores e por inscrições indicaram a essência das ciências para o benefício dos que viriam após ele. Ao fazer isso, ele foi guiado pelo desejo de preservar a ciência para as gerações futuras e pelo receio que o seu traço pudesse desaparecer do mundo.

Na tradição passada dos ancestrais, afirma-se que Ídris foi o primeiro a estudar livros e a pensar sobre ciências e que Alá revelou a ele trinta páginas (do Livro Celeste). Ele foi o primeiro a costurar roupas e a usá-las. Alá o exaltou a um lugar alto[126].

Hermes o segundo foi um dos habitantes de Babil (Babilônia). Ele viveu na cidade dos caldeus, Babil. Viveu depois do dilúvio nos dias de Nazir Bali, que foi o primeiro a construir a cidade de Babil com base em Nimrud b. Kush. Ele era ótimo em medicina e filosofia e tinha o dom dos números. O seu pupilo foi Pitágoras, o aritmético. Este Hermes renovou a medicina, filosofia e aritmética, como estudadas na época do dilúvio. Esta cidade dos caldeus é a cidade dos filósofos entre as pessoas do leste e os seus filósofos foram os primeiros a marcar fronteiras e os primeiros a fazer leis.

---

[126] Sura XIX, 57.

Hermes o terceiro viveu na cidade de Misr (Egito) após o dilúvio. Ele é o autor de um livro sobre animais venenosos. Foi médico e filósofo, conhecia as propriedades das drogas mortais e animais venenosos. Ele caminhou pela terra e era especialista em erigir cidades, em suas propriedades e nas das suas populações. Escreveu um ótimo e precioso trabalho sobre a arte da alquimia, abordando muitas técnicas, como fabricar vidro, como trabalhar o vidro, a argila etc. Ele teve um pupilo chamado Asclépio, que viveu na Síria".

APÊNDICE C: PROFECIAS HERMÉTICAS

Kore Kosmou[127], normalmente traduzido como *A Virgem do Mundo* ou *Pupila do Mundo*[128] é um texto hermético que foi traduzido e publicado em inglês pela primeira vez por Anna Kingsford e Edward Maitland em 1885. É dessa versão que comecei a traduzir os trechos seguintes para português, mas a tradução estava em desacordo com outras traduções que li em italiano e francês e acabei me baseando principalmente na tradução francesa de Festugière publicada em meados do século passado e a de Ménard, mais clara, publicada no século XIX. Este texto foi um dos achados entre os manuscritos escritos em copta na Antiguidade descobertos em Nag Hammadi em 1945 no Egito, descoberta arqueológica essa que comprovou a origem egípcia de Kore Kosmou.

> "Esses, tendo aprendido com Hermes que as coisas que estão em baixo estão ligadas, por ordem do Demiurgo, com aquelas que estão no alto, constituíram sobre a terra as cerimônias sacras associadas aos mistérios do céu".

O trecho anterior de Kore Kosmou por fazer referência ao início da Tábua de Esmeralda é mais uma evidência que

---

[127] Em um artigo de Jorgen Podemann Soresen, o autor explica que a palavra *Kore* pode significar virgem, moça ou pupila (de um olho) e, por extensão, olho. O autor cita exemplos onde *kore* foi traduzido como olho. Ele acredita que, devido ao contexto mitológico da obra, a melhor tradução para *Kore Kosmou* seria, portanto, O *Olho do Mundo*, que seria o olho de Hórus.

[128] Em latim, Minerva Mundi.

mostra que o texto da Tábua de Esmeralda tem realmente conexão com o antigo Egito e trata-se realmente de um texto hermético já que *Kore Kosmou* foi encontrado em copta. No meu entender, trata-se de uma prova da antiguidade deste trecho da Tábua de Esmeralda e da sua autenticidade hermética.

O interessante trecho do Kore Kosmou a seguir é uma curiosa e interessante profecia atribuída ao próprio Hermes sobre quando os documentos herméticos escondidos por Hermes serão encontrados.

> "Agora, meu admirável filho Hórus, tudo isso não podia acontecer entre os mortais, porque eles ainda não existiam; mas com uma Alma em conformidade com os mistérios dos céus. Essa era a alma de Hermes, que conheceu tudo. Ele viu todas as coisas do universo e tendo visto, compreendeu, e tendo compreendido, teve o poder de revelar e mostrar. De fato, aquilo que conheceu, ele escreveu; e tendo escrito, escondeu. Preferiu manter-se em silêncio sobre a maior parte desses mistérios do que revelá-los, pois enquanto o mundo durar, essas coisas podem ser procuradas. E assim, se preparou para ascender aos astros para se unir aos deuses consanguíneos. Deixou como sucessor e herdeiro de seus conhecimentos o seu filho Tat, e pouco depois, Asclépio, filho de Imute, segundo os desejos de Ptah e Hefesto, e todos os que a Providência soberana reservou para que conhecessem a doutrina celeste. Hermes então se justificou aos que estavam ao seu redor, que ele não tinha passado todo o

conhecimento a seu filho por causa de sua juventude. Quando o dia nasceu, ele fixou o Oriente com seus olhos que veem tudo, porque havia visto algo invisível, e lentamente, enquanto olhava, tomou uma decisão: colocar do lado dos objetos sacros de Osíris os símbolos sagrados dos elementos cósmicos e voltar ao céu depois de ter orado e pronunciado as palavras de voltar ao céu. Não convém, ó meu Filho, que esta história seja deixada incompleta; por isso vou informá-lo de tudo que disse Hermes quando ele abaixou os seus livros. "Ó livros sagrados, que foram escritos com minhas mãos imortais, sobre os quais tenho poder porque os ungi com o unguento da imortalidade, permaneçam eternamente fora do alcance da podridão e da deterioração, porque serão invisíveis e não serão encontrados por todos os que estão destinados a percorrer esta terra, enquanto o céu envelhecido não gerar organismos dignos de vós, que o Criador chama de almas". Tendo pronunciado esse encanto sobre os seus livros, ele fez uma oração a suas próprias obras e voltou à área sagrada dentro das zonas que pertencem a ele".

Asclépio, também chamado de *Discurso Perfeito de Hermes Trismegistus* é um outro texto hermético. O original grego, que era conhecido por Latâncio e outros, foi perdido, mas provavelmente foi escrito entre os anos 100 e 300 em Alexandria. A versão mais antiga existente está em latim. Este texto foi impresso pela primeira vez no início do século XX.

Nele, o autor cita a crença no tempo cíclico. Há também algumas profecias: [129]

> "Os deuses se retirarão da terra para os céus e o Egito será um deserto. A terra que era o centro da religião será abandonada pelos deuses e se tornará vazia da presença deles. Os estrangeiros não somente invadirão a região e cobrirão esta terra, mas o que é pior, a religião, os deveres aos deuses e a adoração divina serão proibidos com penalidades prescritas por leis. Esta terra santa, lar de santuários e templos, estará cheia de sepulcros e mortos. Ó Egito, somente as histórias da sua religião sobreviverão e nelas os seus filhos não acreditarão. Somente as palavras gravadas na pedra narrarão os seus atos piedosos.... O Egito se tornará um deserto."

> "Todo o ensinamento sobre a alma que lhe expliquei é que a alma nasce imortal ou espera atingir a imortalidade. Rirão desse ensinamento e ele será considerado uma ilusão. Ele será considerado uma grande ofensa... Novos direitos serão criados. Haverá novas leis. Nada santo, nada religioso, nada digno dos céus ou dos deuses que vivem nele será ouvido ou acreditado... Haverá guerras, roubos, fraudes e todas as coisas que são contrárias à natureza das almas. Nesses dias, a

---

[129] Traduzidas de Salaman, Clement. Asclepius: The Perfect Discourse of Hermes Trismegistus. Londres: Bloomsbury, 2007 e de Scott, Walter. Hermetica. Boston: Shambhala, 1993 (reimpressão de obra impressa em 1924)

terra não estará estável, nem o mar será navegável. O céu não será percorrido pelas estrelas, pois o curso das estrelas cessará no céu. Toda voz divina terá que ser parada. Os frutos da terra murcharão e a terra não será mais fértil. O ar será pesado e terá um torpor sem vida. Assim será a era velha do mundo: irreligião, desordem e ausência de razão sobre tudo que é bom. Quando tudo isso acontecer, Asclépio, o Senhor e Pai, o deus que é o primeiro em poder e governador sob Deus que é o Um, considerará a conduta e os atos intencionais dos homens. Através da sua vontade, que é a bondade divina, ele se posicionará contra esses maus e contra essa maldade mundial. Ele conterá o erro e toda a influência maligna. Ou ele dissolverá tudo isso em uma inundação ou consumirá pelo fogo ou destruirá através da doença e da peste que haverá em diferentes terras. Finalmente, ele restaurará o mundo à sua beleza antiga... Através desses acontecimentos, o mundo renascerá. Haverá um retorno de tudo que é bom, um restabelecimento sagrado e espiritual da própria natureza compelida pelo curso do tempo por essa vontade que é e que era sem início e sem fim. Porque a vontade de Deus não tem início e permanece a mesma hoje e permanecerá sempre".

"A escuridão será preferida à luz e a morte será considerada mais lucrativa do que a vida. Ninguém levantará os seus olhos aos céus. O piedoso será considerado louco e o ímpio será considerado sábio. O louco será considerado corajoso e o mau será estimado como bom".

APÊNDICE D: ESFINGE HERMÉTICA

Durante séculos, os beduínos egípcios consideravam a Esfinge como "Pai do Terror". Os beduínos também contavam várias tradições de espíritos que assombravam o local, que eles consideravam o lugar mais assombrado de todos.[130]

A ideia de documentos ou livros escondidos nas pirâmides e na Esfinge é antiga. Entre os árabes, após os muçulmanos entrarem no Egito, havia crenças em que essas construções abrigavam segredos, várias escavações foram feitas ao longo dos séculos tentando encontrar tesouros. O próprio Heródoto, considerado o Pai da História, que visitou o Egito há 2500 anos, escreveu que um sacerdote o contou que havia câmaras subterrâneas sob as pirâmides, portanto não se trata de uma ideia que surgiu recentemente.

Um fato curioso em relação a isso ocorreu com norte-americano Edgar Cayce, uma pessoa de origem simples, que entrava em transe e receitava remédios e falava sobre assuntos diversos, como Atlântida etc. Em um de seus transes, ele falou sobre documentos escondidos sob a pata dianteira da Esfinge. Por exemplo, na leitura n° 5748-6, feita em 1° de julho de 1932:

> "Com a casa dos arquivos, há uma câmara ou passagem a partir da pata direita (da Esfinge)

---

[130] Brunton, Paul. A Search in Secret Egypt. Londres: Rider and Company, 1935

até a entrada da câmara dos arquivos ou tumba dos arquivos. Não se pode entrar ali sem entendimento, pois os que foram deixados como guardas só poderão ser superados após o período da regeneração deles no monte ou quando começar a quinta raça"[131].

As falas relativamente confusas de Cayce em transe levaram alguns pesquisadores americanos, entre eles Hugh Lynn Cayce[132], filho de Edgar Cayce, a reunir esforços com o egiptólogo americano Mark Lehner a fim de pedir permissão ao governo egípcio para fazer perfurações próximas da pata dianteira da esfinge para tentar encontrar algo subterrâneo. Robert Bauval dedica um capítulo a essa expedição em sua abrangente obra sobre documentos ocultos no Egito chamada *Secret Chamber*. Bauval conta que o grupo de americanos conseguiu a permissão para fazer as perfurações nos anos 1970 e, após fazer o primeiro furo perto da pata da Esfinge, quando o grupo se preparava para iniciar a segunda perfuração, de acordo com um dos envolvidos, militares armados chegaram impedindo a continuação dos trabalhos. De acordo com Mark Lehner isso não aconteceu e os trabalhos foram interrompidos

---

[131] Povos no mundo inteiro, como algumas civilizações orientais, os índios Hopi do Arizona e os Maia, dentre outros, acreditavam na existência de eras ou mundos anteriores destruídos por catástrofes passadas, como fogo e inundações. De acordo com crenças dos Hopi e dos Maias, estamos no quarto mundo, que será destruído por catástrofes, que será seguido pelo quinto, quando a humanidade viverá com mais espiritualidade; a Era de Aquário de algumas crenças orientais. A quinta raça de Cayce poderia ter relação com este momento futuro, previsto na profecia do texto hermético Asclépio.

[132] H. Lynn Cayce custeou os estudos universitários em egiptologia do Dr. Mark Lehner, se tornou um dos maiores egiptólogos do mundo e passou 15 anos escavando no Egito.

por questões financeiras. De qualquer forma, assim que deixou o Egito, Hugh Lynn Cayce disse:

> "Nós procuramos os arquivos e as próprias pirâmides e a Esfinge possuem informações sobre isso. Queremos encontrar os documentos de Atlântida que foram sepultados. Procuramos também os escritos de Hermes e a sua profecia da sua próxima reencarnação como Jesus. Acredito que estejam ali, diante da Esfinge".

Talvez o mundo ainda não esteja preparado para essa redescoberta. Os filósofos e intelectuais Julius Evola e René Guénon acreditavam na "filosofia perene", uma crença baseada em um conhecimento recebido pela humanidade há milênios que teria sido perdido, apesar de traços dele existirem. Ainda de acordo com esses intelectuais e seus seguidores, a civilização atual permanecerá envolvida em materialismo e em decadência até que esse conhecimento antigo perdido seja recuperado um dia.

Em 1998, Zahi Hawass, arqueólogo Chefe Diretor do Conselho Supremo de Antiguidades do Egito, que havia permitido as escavações de H. Lynn Cayce e seu grupo vinte anos antes, realizou escavações sob a Esfinge e descobriu túneis de acesso ao que pareceram ser, segundo ele, cavernas naturais sob a Esfinge. De acordo com os pesquisadores egípcios que participaram dos trabalhos, nenhum artefato foi encontrado.[133]

---

[133] O historiador romano Amiano Marcelino escreveu no século IV que os sábios egípcios, prevendo uma inundação catastrófica, prepararam galerias e cavernas subterrâneas, cobrindo as suas paredes com hieróglifos, onde a sabedoria dos egípcios foi registrada.

Em *The Secrets of the Sphix*, uma edição bilíngue impressa em árabe e inglês escrita pelo Dr. Zahi Hawass, Diretor Geral das Pirâmides de Giza e Diretor do Projeto para Restauração da Esfinge, o autor afirma que com o passar dos anos, a Esfinge revelou alguns de seus segredos, mas não todos. Ele revela que em 1881, Henry Vyse encontrou 2 túneis dentro da Esfinge, mas essa descoberta nunca havia sido publicada. Esses 2 túneis foram abertos em 1979, mas não foram encontrados artefatos importantes dentro dos túneis e as evidências mostram que os túneis foram construídos durante a 26ª Dinastia, ou seja, no século VII a.C. Um terceiro túnel foi encontrado, mas não é aberto desde 1926.

Ao longo dos anos, descobertas têm sido feitas na Esfinge. Quando Napoleão chegou ao Egito em 1798, a Esfinge estava completamente coberta com areia, assim Napoleão "redescobriu" a esfinge. Zahi Hawass conta que depois disso, a primeira descoberta publicada foi a de Giovanni Battista Caviglia, que encontrou próximo da Esfinge a chamada estela dos sonhos e fragmentos da barba da Esfinge que estão no Museu Britânico e no Museu do Cairo. Entre 1907 e 1909 foram encontradas jarras de Amenhotep III e algumas tumbas em escavações na Esfinge. Os trabalhos de Emile Baraize, realizados entre 1925 e 1936, possibilitaram encontrar a casa de repouso de Tutancâmon e ele descobriu o templo da Esfinge. Selim Hassam deu continuidade ao trabalho de Baraize em 1936 e encontrou o templo de Amenhotep III, tumbas, paredes de Tutmós IV, estelas votivas dedicadas à esfinge e outros artefatos. Hawass continua e cita outras escavações e operações de mapeamento que foram feitas nos anos seguintes, mas não cita descobertas de outros artefatos ou documentos na Esfinge.

Há entradas para passagens subterrâneas na frente e atrás

Descobertas arqueológicas são algo relativamente comum no Egito, já que ocorrem todos os anos. Em 1990, uma turista americana estava andando de cavalo a 800 metros ao sul da Esfinge, quando seu cavalo parou repentinamente diante de um muro e ela caiu. Hawass foi investigar e descobriu um cemitério com 600 cadáveres e tumbas. Nove anos depois, Mark Lehner descobriu uma cidade perdida nas proximidades. Em fevereiro de 2018, arqueólogos encontraram sarcófagos e tumbas pertencentes a sacerdotes de Thoth. Em uma das tumbas havia mais de 1000 estátuas. Em agosto de 2018, uma segunda esfinge foi encontrada nas proximidades das pirâmides, após escavações para uma estrada, confirmando lendas antigas e teorias de egiptólogos sobre uma segunda esfinge. Recentemente, usando uma tecnologia não invasiva chamada de radiografia de muon, foi descoberta uma sala dentro da pirâmide de Khufu. Não se sabe o que há dentro do espaço. A nova descoberta foi publicada em novembro de 2017 e faz parte de um projeto chamado ScanPyramids[134], uma missão internacional realizada com o apoio do Ministério de Antiguidades do Egito que iniciou em outubro de 2015. A primeira fase observou anomalias térmicas em todos os monumentos pesquisados.

Com base nisso, como o próprio Dr. Hawass afirmou, a Esfinge ainda não revelou todos os seus segredos, portanto a possibilidade de novas descobertas é real. Apesar de datações de carbono 14 de partes da Esfinge e do Dr. Hawass terem indicado que a esfinge não é tão antiga como alguns tentar acreditar e a datariam como sendo da quarta dinastia, ou seja, a esfinge teria cerca de 4500 anos, tendo sido construída na época do Faraó Quéfren, o Faraó Amenhotep II (1448-1420 a.C.) afirmou que a Esfinge era mais antiga que as pirâmides, o egiptólogo britânico Wallis Budge (1857-1934) afirmou que "este maravilhoso objeto já existia nos dias de Quéfren e é provável que seja muito mais antigo"[135] e o egiptólogo francês Gaston Maspero (1846-1916) acreditava na mesma coisa, que a Esfinge estava enterrada na época de Quéfren e foi desenterrada por ele, devido à linha 13 na estela da Esfinge.

Um caso de especulação, no mínimo curioso, associado à esfinge diz respeito a Boris Kipriyanovich, um telepata russo conhecido como Boriska, nascido em 1996, que afirmou que a Esfinge esconde algo que mudará o mundo quando for aberta. Sua mãe disse que desde o parto ele foi diferente: "foi muito rápido, não senti dor nenhuma e quando me mostraram o bebê, ele me olhava fixamente com seus grandes olhos castanhos". O bebê quase nunca chorava. Ele começou a falar aos 4 meses, aos 7 meses já formava frases e antes dos 2 anos

---

[134] http://www.scanpyramids.org/

[135] Budge, Wallis. The Gods of the Egyptians. 1904

lia jornais impressos e escrevia. Com menos de 3 anos começou a falar com seus pais sobre o Universo, apesar de ninguém ter ensinado a ele nada sobre espaço ou ele ter entrado em contato com ficção científica. Sua mãe disse que ele começou a nomear todos os planetas do Sistema Solar e seus vários satélites, além de galáxias. A mãe disse: "no início, achei assustador, pensei que ele fosse louco, mas ao procurar pelos nomes que ele falava, verifiquei que eles existiam realmente". Os pais consultaram livros de astronomia e, impressionados, constataram que os nomes citados pela criança conferiam. Na adolescência, ele estudou em uma escola para superdotados na Rússia. O principal jornal russo, Pravda, publicou artigos sobre ele mais de uma vez. Desde os primeiros anos de vida, o menino afirmava que tinha sido um piloto interplanetário em Marte[136] e que o objetivo de sua reencarnação neste planeta seria para impedir que o planeta Terra fosse destruído por uma guerra nuclear, o que aconteceu em Marte, segundo ele, apesar de haver ainda vida subterrânea de sobreviventes em Marte[137]. Ele diz que sofreremos o mesmo destino, assim como em Marte na Terra, se não

---

[136] Existem alguns casos de crianças pequenas que afirmam ter vivido em outras localidades, ter tido costumes locais diferentes, falam em certos nomes próprios etc. sem aparentemente poder ter tido acesso àquelas informações, que anos depois são confirmadas. O caso mais conhecido é o da menina indiana Shanti Devi, que deu origem a livros e um filme chamado A Reencarnação de Manika (Manika no original). Mas casos de crianças que afirmam ter vivido em outro planeta em uma vida anterior são bem incomuns.

[137] Na publicação científica Science 24 de julho de 2018 (http://science.sciencemag.org/content/early/2018/07/24/science.aar7268), cientistas europeus afirmaram que encontraram um lago subterrâneo com água permanente em Marte através do satélite radar europeu MARSIS, criado especificamente para pesquisar o subsolo marciano. Eles acreditaram encontrar um lago subterrâneo porque, há cerca de 1,5 quilômetro sob a superfície, as ondas do radar refletiram algo "curiosamente extremamente brilhante", especialmente se comparado à área ao redor.

ouvirmos seus alertas apocalípticos. Em relação ao Egito, o jovem afirmou que visitou à Terra na época da construção de uma das pirâmides há milênios, quando fez contato com os antigos egípcios. Disse ainda que a pirâmide de Quéops não esconde nada, mas outra pirâmide ainda não descoberta oculta muitas informações.

Em relação à Esfinge, ele disse que ela esconde algo que mudará o mundo quando for aberta. E que a Esfinge tem um mecanismo para abri-la atrás da orelha, mas que não lembra exatamente onde. Sob a orelha direita da Esfinge existe realmente algo curioso, que parece ser uma grande chave interruptora, visível de longe por ser grande. Boris disse que os segredos que estão escondidos no Egito estão "além dos nossos sonhos". Quem sabe se atrás da orelha da Esfinge há realmente um mecanismo que, após acionado, revelará um dia segredos que mudarão a humanidade?

Alguns eventos de telepatia também foram atribuídos a Boriska. Porém, conforme artigos de 2005 e 2008 do jornal russo Pravda mostram, Boriska fez duas previsões para 2009 e 2013 de grandes catástrofes associadas ao deslocamento dos polos e a enormes inundações que viriam em seguida, tirando a vida de muitos, deixando poucos sobreviventes, que não ocorreram.

Enfim, uma curiosidade final: o antigo enigma da esfinge estava associado ao lema "decifra-me ou devoro-te". Esse antigo enigma foi criado posteriormente na literatura em *Édipo Rei* de Sófocles, mas se desconhece o enigma original, que existia. E, de acordo com a tradição, a Esfinge tem o corpo de um leão, um felino. De fato, a cabeça original da Esfinge era de um felino. Em alguns locais no antigo Egito, como Bubastis e Stabl Antar, todos os gatos eram considerados encarnações da respectiva deusa local e após a morte eram mumificados e enterrados[138]. Somente os animais sacros eram embalsamados. E não são os gatos, esses pequenos felinos, que adoram deitar sobre qualquer coisa escrita, como jornais e revistas, indicando, talvez, que a Esfinge repousa sobre algo escrito? Seria esse o enigma original da Esfinge?

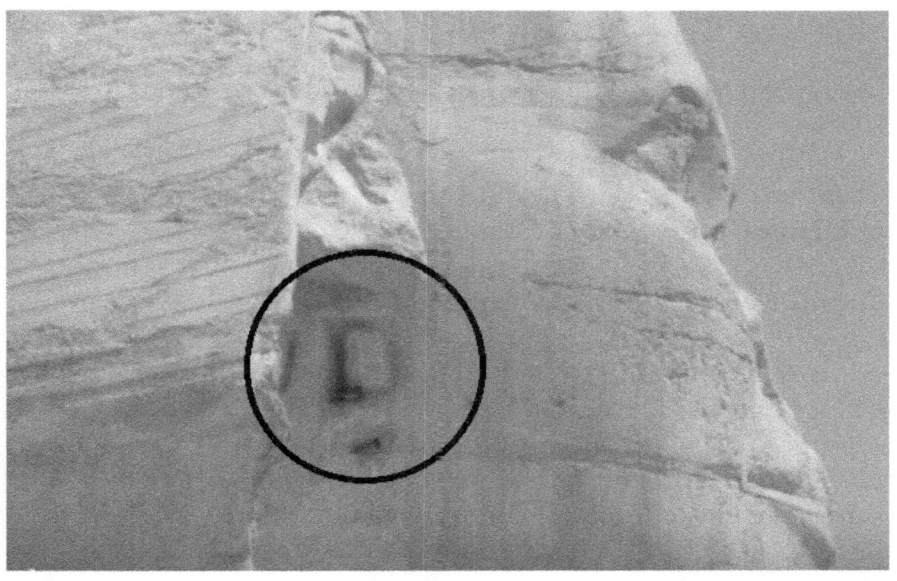

Peça que parece um interruptor ou uma tecla

---

[138] Wallis, Wilson D. *Religion in Primitive Society*. p. 67

BIBLIOGRAFIA

Bauval, Robert. **La Camera Segreta**. Milão: Corbaccio, 2001

Berthelot, Marcellin. **Les Origines de l'Alchimie**. Paris: Georges Steinheil, 1885

Brunton, Paul. **A Search in Secret Egypt**. Londres: Rider and Company, 1935

Calcagno, Daniele. **Il Mistero del Sacro Catino**. Gênova: ECIG, 2000

Chambers, John David. **The Theological and Philosophical Works of Hermes Trismegistus.** Edimburgo: T. & T. Clark, 1882.

Champollion, Jean-François. **Pantheon Egyptien.** Paris: Didot, 1823

Cotterell, Arthur. **A Dictionary of World Mithology**. Oxford: Oxford University Press, 1990.

Ebeling, Florian. **The Secret History of Hermes Trismegistus: From Ancient to Modern Times**. Londres: Cornell University Press, 2007

Faivre, Antoine. **The Eternal Hermes. From Greek God to Alchemical Magus**. Grand Rapids: Phanes Press, 1995.

Forte, Salvatore. **Il Rinascimento Napoletano e la tradizione egizia segreta**. S. Forte, 2015

Freke, T. e Gandy, P. **The Hermetica. The Lost Wisdom of the Paraohs.** Nova Iorque: Penguin, 1999.

Fulcanelli. **Le Mystère des Cathédrales**. Las Vegas: Brotherhood of Life, 1990.

Goebel, Julius. **The Etymology of Mephistopheles.** Transactions and Proceedings of the American Philological Association. John Hopkins University Press, vol. 35, 1904.

Hall, Manly Palmer. **The Secret Teachings of All Ages. An Encyclopedic Outline of Masonic, Hermetic, Qabbalistic and Rosicrucian Symbolical Philosophy**. San Francisco: H. S. Crocker Company, 1928.

Hauck, Dennis W. **The Complete Idiot's Guide to Alchemy**. Nova Iorque: Penguin, 2008

Hauck, Dennis W. **The Emerald Tablet: Alchemy of Personal Transformation**. Nova Iorque: Penguin, 1999

Hawass, Zahi. **The Secrets of the Sphinx**. Cairo: The American University in Cairo Press, 1998.

Jamblique. **Les Mysteres d'Egypte**. Paris: Les Belles Lettres. 1993.

Jordan, M. **Miti di tutto il mondo**. Milão: Mondadori, 1998.

Kingsford, Anna; Maitland, Edward. **The Virgin of the World of Hermes Mercurius Trismegistus**. Londres: George Redway, 1885

Kingsley, Peter. **Poimandres: The etymology of the name and the origins of the Hermetica**. Journal of the Walburg and C. Institutes. Volume 56, 1993

Lachman, Gary. **The Quest for Hermes Trismegistus**. Edinburgo: Floris Books, 2011

Latz, Gottlieb; Hauck, Dennis W. **Secret of the Emerald Tablet: From die Alchemie by Dr. Gottlieb Latz**. Anthanor, 2017

Linden, S. **The Alchemy Reader: From Hermes Trismegistus to Isaac Newton**. Cambridge: Cambridge University Press, 2003

Mead, G. R. **Thrice-Greatest Hermes**. Londres: Theosophical Publishing Society, 1906.

Menard, Louis. **Hermes Trismegiste: traduction complete precede d'une etude sur l'origine des livres hermetiques**. Paris: Librairie Academique. Didier et Ce. Libraires, 1866

Milik, J. T. **The Books of Enoch. Aramaic Fragments of Qumram Cave 4**. Oxford: Oxford University Press, 1976.

Muñoz, Miguel A. M. **La Tabla de Esmeralda**. Madri: Mestas Ediciones, 2000.

Pingree, David; Salvesen, Alison. **The Legacy of Mesopotamia**. Oxford: Oxford University Press, 1998.

Plessner, M. **Hermes Trismegistus and Arab Science**. Studia Islamica. N° 2 (1954) pp. 45-59

Quispel, Gilles. Hermes **Trismegistus and the Origins of Gnosticism**. Vigiliae Christianae 46, 1992. 1-19, E. J. Brill, Leiden.

Salaman, Clement. Asclepius: **The Perfect Discourse of Hermes Trismegistus**. Londres: Bloomsbury, 2007

Scott, Walter. **Hermetica**. Boston: Shambhala, 1993

Sorensen, Jorgen Podemann. **The Eye of the World: An interpretation of the *Kore Kosmou* on its Egyptian Background.**

Três Iniciados. **Kybalion**. (Caibalion) Chicago: Yogi Publication Society, 1912.

Thompson, D. J. **Memphis under the Ptolomies**. Princeton, 1988.

Van Bladel, Kevin. **The Arabic Hermes: From Pagan Sage to Prophet of Science**. Oxford: Oxfcrd University Press, 2009.

Van der Toorn; Becking; Van der Horst. **Dictionary of Deities and Demons in the Bible**. Cambridge: William B. Eerdmans Publishing Company. 1999.

Van Drival, Eugene. **Études sur le grand monument funéraire égyptien du Musée de Boulogne**. Bolonha: Berger, 1850.

Waddell, W. G. **Manetho: History of Egypt and Other Works**. Cambridge (MA): Harvard University Press. 1940

Wallis, Wilson D. **Religion in Primitive Society.** Nova Iorque: F. S. Crofts, 1939

Warlick, M. E. **Max Ernst and Alchemy: A Magician in Search of Myth.** Austin: Unversity of Texas Press, 2001

Warnock, C.; Greer, John M. **Picatrix. Liber Atratus Edition.** Adocentyn Press, 2010.

TABVLA SMA-
RAGDINA HERMETIS TRIS-
megisti nQi xµslur. Incerto interprete.

Erba Secretorū Hermetis, q̃ scripta erāt in tabula Smaragdi, inter manus eius inuenta, in obscuro antro, in q̃ humatum corpus eius repertū est. Verū sine mendacio, certū, & verissimū. Quod est inferius, est sicut q̃d est superius. Et q̃d est supius, est sicut q̃d est inferius, ad ppetrāda miracula rei unius. Et sicut oēs res fuerūt ab uno, meditatiōe unius. Sic oēs res natæ fuerūt ab hac una re, adaptatiōe. Pater eius est Sol, mater eius Luna. Portauit illud uentus in uētre suo. Nutrix eius terra est. Pater omnis telesmi totius mūdi est hic. Vis eius integra est, si uersa fuerit in terrā. Separabis terrā ab igne, subtile à spisso, suauiť cū magno ingenio. Ascendit à terra in cœlū, iterumq̃ descēdit in terrā, & recipit uim superiorū & inferiorū. Sic habebis gloriā totius mundi. Ideo fugiet à te omnis obscuritas. Hic est totius fortitudinis fortitudo fortis, qa uincet omnem rem subtilem, omnemq̃ solidam penetrabit. Sic mundus creatus est. Hinc erunt adaptationes mirabiles, quarū modus hic est. Itaq̃ uocatus sum Hermes Trismegistus, habens tres partes philosophiæ totius mundi. Completū est, q̃d dixi de operatiōe Solis.

Página do livro *Alchemiae Gebri Arabis (De Alchemia)*, atribuído ao alquimista árabe Geber, publicação feita em Nuremberg, 1541, quando a Tábua de Esmeralda foi impressa pela primeira vez.

TEMPLO, TÚNEIS, PASSAGENS SECRETAS E PORTAS SUBTERRÂNEOS DESCOBERTOS

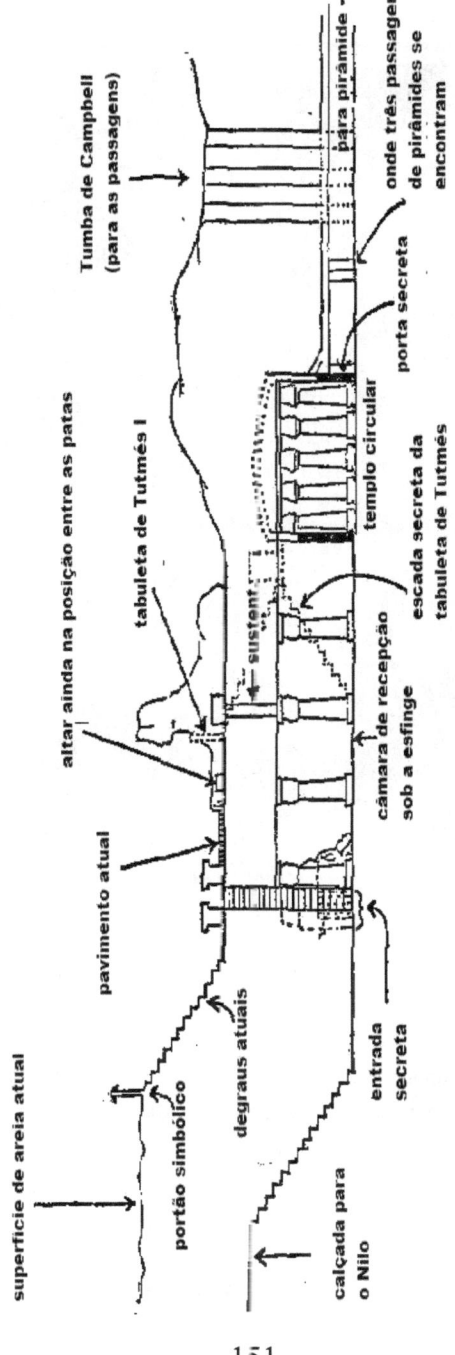

Imagem medieval no piso da Catedral de Siena, Itália com a inscrição latina Hermes Mercúrio Trismegisto, contemporâneo de Moisés. As inscrições latinas que Hermes entrega dizem: *Recebam as letras e as leis, egípcios*[139]. As inscrições sobre as 2 esfinges, na pedra, dizem: *Deus, o criador de tudo, fez para ele um segundo Deus visível e o tornou o primeiro. Ele se alegrou com ele e amou muito o seu próprio filho, que é chamado de Palavra Santa.*

---

[139] Citação de Cícero, em seu livro sobre a natureza dos deuses.

www.ingramcontent.com/pod-product-compliance
Lightning Source LLC
Chambersburg PA
CBHW020004050426
42450CB00005B/302